JEAN-JACQUES
ET
LE PAYS ROMAND

EXTRAITS

DES ŒUVRES DE J.-J. ROUSSEAU

Publiés par la Section de littérature

DE L'INSTITUT GENEVOIS

GENÈVE

H. GEORG, LIBRAIRE DE L'INSTITUT

1878

JEAN-JACQUES

ET

LE PAYS ROMAND

GENÈVE, IMPRIMERIE J.-G. FICK

JEAN-JACQUES

ET

LE PAYS ROMAND

EXTRAITS

DES ŒUVRES DE J.-J. ROUSSEAU

Publiés par la Section de littérature

DE L'INSTITUT GENEVOIS

GENÈVE

H. GEORG, LIBRAIRE DE L'INSTITUT

1878

PRÉFACE

PAR M. EUGÈNE RITTER

—

VIE DE J.-J. ROUSSEAU

Jean-Jacques a passé son enfance à Genève. Dans le cours de son aventureuse jeunesse et de sa vie orageuse, il vint plus d'une fois visiter sa ville natale, traverser le pays de Vaud, demeurer dans le comté de Neuchâtel. Ces courses, ces séjours lui avaient laissé des souvenirs qu'il a fixés dans ses écrits. J'ai été chargé de recueillir en un petit volume ces peintures de paysages, ces tableaux de mœurs, pages éparses dans les œuvres du philosophe genevois.

Les cantons qui forment aujourd'hui notre Suisse romande étaient égrenés encore, au temps où vivait Jean-Jacques. Le seul qui fît partie de la Confédération était Fribourg, « petite ville peu jolie, mais peuplée de bonnes gens, » dit Rousseau, qui songea un jour à s'y établir. Le Valais formait un Etat indépendant. Le pays de Vaud, conquis en 1536 par la République de Berne, était resté sujet : des baillis allemands le gouvernaient. Les rois de Prusse étaient comtes de Neuchâtel. La cité de Genève enfin,

> Contre tous ses voisins en garde nuit et jour,
> Refermait chaque soir sa porte à double tour.

D'un temps qui est si loin de nous, de contrées qui sont restées si belles, une image qui ne périra pas a été tracée par la plume de Jean-Jacques. Nous l'offrons au peuple de Genève, à nos confédérés des cantons romands. Les morceaux que nous avons réunis sont les feuillets d'un album de famille : c'est la nature éternelle, ce sont les mœurs d'autrefois, peintes par un enfant du pays.

I

Les pages qui suivent et qui sont empruntées au récit des *Confessions*, sont un cadre naturel pour les autres morceaux qui forment le corps de ce volume, et qui sont tirés des autres écrits du philosophe genevois.

« Je suis né à Genève en 1712, d'Isaac Rousseau, citoyen, et de Susanne Bernard, citoyenne. Un bien fort médiocre à partager entre quinze enfants ayant réduit presque à rien la portion de mon père, il n'avait pour subsister que son métier d'horloger, dans lequel il était à la vérité fort habile. Ma mère était plus riche : elle avait de la sagesse et de la beauté. Ce n'était pas sans peine que mon père l'avait obtenue. Leurs amours avaient commencé presque avec leur vie. Dès l'âge de huit à neuf ans ils se promenaient ensemble tous les soirs sur la Treille ; à dix ans ils ne pouvaient plus se quitter. La sympathie, l'accord des âmes affermit en eux le sentiment qu'avait produit l'habitude. Tous deux, nés tendres et sensibles, n'attendaient que le moment de trouver dans un autre la même disposition, ou plutôt ce moment les attendait eux-mêmes, et chacun d'eux jeta son cœur dans le premier qui s'ouvrit pour le recevoir. Le sort, qui semblait contrarier leur passion, ne fit que l'animer. Le jeune amant, ne pouvant obtenir sa maîtresse, se consumait de douleur : elle lui conseilla de voyager pour l'oublier. Il voyagea sans fruit et revint plus amoureux que jamais. Il retrouva celle qu'il aimait tendre et fidèle. Après cette épreuve, il ne restait qu'à s'aimer toute la vie ; ils le jurèrent et le ciel bénit leurs serments.

« Je naquis infirme et malade. Je coûtai la vie à ma mère, et ma naissance fut le premier de mes malheurs. Je n'ai pas su comment mon père supporta cette perte, mais je sais qu'il ne s'en consola jamais. Il croyait la revoir en moi, sans pouvoir oublier que je la lui avais ôtée ; jamais il ne m'embrassa que je ne sentisse à ses soupirs, à ses convulsives étreintes, qu'un regret amer se mêlait à ses caresses ; elles n'en étaient que plus tendres. Quand il me disait : Jean-Jacques, parlons de ta mère, je lui disais : Eh bien, mon père, nous allons donc pleurer ; et ce mot seul lui tirait déjà des larmes. Ah ! disait-il en gémissant, rends-la-moi, console-moi d'elle, remplis le vide qu'elle a laissé dans mon âme.

« Tels furent les auteurs de mes jours. De tous les dons que le ciel leur avait départis, un cœur sensible est le seul qu'ils me laissèrent ; mais il avait fait leur bonheur, et fit tous les malheurs de ma vie.

« J'étais né presque mourant ; on espérait peu de me conserver. Une sœur de mon père, fille aimable et sage, prit si grand soin de moi qu'elle me sauva.

« J'ignore ce que je fis jusqu'à cinq ou six ans. Je ne sais comment j'appris à lire ; je ne me souviens que de mes premières lectures et de leur effet sur moi : c'est le temps d'où je date sans interruption la conscience de moi-même. Ma mère avait laissé des romans ; nous nous mîmes à les lire après souper, mon père et moi. Il n'était question d'abord que de m'exercer à la lecture par des livres amusants ; mais bientôt l'intérêt devint si vif, que nous lisions tour à tour sans relâche et passions les nuits à cette occupation. Nous ne pouvions jamais quitter qu'à la fin du volume. Quelquefois mon père, entendant le matin les hirondelles, disait tout honteux : Allons nous coucher, je suis plus enfant que toi.

« En peu de temps j'acquis par cette dangereuse méthode, non-seulement une extrême facilité à lire et à m'entendre, mais une intelligence unique à mon âge sur les passions. Je n'avais aucune idée des choses, que tous les sentiments m'étaient déjà connus. Je n'avais rien conçu, j'avais tout senti. Ces émotions confuses, que j'éprouvais coup sur coup, n'altéraient point la raison que je n'avais pas encore; mais elles m'en formèrent une d'une autre trempe, et me donnèrent de la vie humaine des notions bizarres et romanesques, dont l'expérience et la réflexion n'ont jamais bien pu me guérir.

« Les romans finirent avec l'été. L'hiver suivant, ce fut autre chose. La bibliothèque de ma mère épuisée, on eut recours à la portion de celle de son oncle qui nous était échue. Heureusement il s'y trouva de bons livres; et cela ne pouvait guère être autrement, cette bibliothèque ayant été formée par un ministre, à la vérité, et savant même, car c'était la mode alors, mais homme de goût et d'esprit. L'histoire de l'Eglise et de l'Empire par Le Sueur, le Discours de Bossuet sur l'Histoire universelle, les Hommes illustres de Plutarque, l'Histoire de Venise par Nani, les Métamorphoses d'Ovide, La Bruyère, les Mondes de Fontenelle, ses Dialogues des morts, et quelques tomes de Molière, furent transportés dans le cabinet de mon père, et je les lui lisais tous les jours durant son travail. J'y pris un goût rare et peut-être unique à cet âge. Plutarque surtout devint ma lecture favorite. Le plaisir que je prenais à le relire sans cesse me guérit un peu des romans; et je préférai bientôt Agésilas, Brutus, Aristide, à Orondate, Artamène et Juba. De ces intéressantes lectures, des entretiens qu'elles occasionnaient entre mon père et moi, se forma cet esprit libre et républicain, ce caractère indomptable et fier, impatient de joug et de servitude, qui m'a tourmenté tout le temps de ma vie dans les situations les moins propres à lui donner l'essor. Sans cesse occupé de Rome et d'Athènes, vivant pour ainsi dire avec leurs grands hommes, né moi-même citoyen d'une république, et fils d'un père dont l'amour de la patrie était la plus forte passion, je m'en enflammais à son exemple ; je me croyais Grec ou Romain ; je devenais le personnage dont je lisais la vie ; le récit des traits de constance et d'intrépidité qui m'avaient frappé me rendait les yeux étincelants et la voix forte. Un jour que je racontais à table l'aventure de Scévola, on fut effrayé de me voir avancer et tenir la main sur un réchaud pour représenter son action.

« J'avais un frère plus âgé que moi de sept ans. Il apprenait la profession de mon père. L'extrême affection qu'on avait pour moi le faisait un peu négliger ; et ce n'est pas cela que j'approuve. Son éducation se sentit de cette négligence. Il prit le train du libertinage. On le mit chez un autre maître, d'où il faisait des escapades comme il en avait fait de la maison paternelle. Je ne le voyais presque point ; à peine puis-je dire avoir fait connaissance avec lui ; mais je ne laissais pas de l'aimer tendrement, et il m'aimait autant qu'un polisson peut aimer quelque chose. Je me souviens qu'une fois que mon père le châtiait rudement et avec colère, je me jetai impétueusement entre deux, l'embrassant étroitement. Je le couvris ainsi de mon corps, recevant les coups qui lui étaient portés ; et je m'obstinai si bien dans cette attitude, qu'il fallut enfin que mon père lui fît grâce, soit désarmé par mes cris et mes larmes, soit pour ne pas me maltraiter plus que lui. Enfin mon frère tourna si mal, qu'il s'enfuit et disparut tout à fait. Quelque temps après on sut qu'il était en Allemagne. Il n'écrivit pas une seule fois. On n'a plus eu de ses nouvelles depuis ce temps-là ; et voilà comment je suis demeuré fils unique.

« Si ce pauvre garçon fut élevé négligemment, il n'en fut pas ainsi de son frère ; et les enfants des rois ne sauraient être soignés avec plus de zèle que je le fus durant mes premiers ans, idolâtré de tout ce qui m'environnait, et toujours, ce qui est bien plus rare, traité en enfant chéri, jamais en enfant gâté. Jamais une seule fois, jusqu'à ma sortie de la maison paternelle, on ne m'a laissé courir seul dans la rue avec les autres enfants ; jamais on n'eut à réprimer en moi ni à satisfaire aucune fantasque humeur.

« Comment serais-je devenu méchant, quand je n'avais sous les yeux que des exemples de douceur, et autour de moi que les meilleures gens du monde ? Mon père, ma tante, ma mie, mes parents, nos amis, nos voisins, tout ce qui m'environnait ne m'obéissait pas, à la vérité, mais m'aimait ; et moi je les aimais de même. Mes volontés étaient si peu excitées et si peu contrariées, qu'il ne me venait pas dans l'esprit d'en avoir. Je puis jurer que, jusqu'à mon asservissement sous un maître, je n'ai pas su ce que c'était qu'une fantaisie. Hors le temps que je passais à lire ou à écrire auprès de mon père, et celui où ma mie me menait promener, j'étais toujours avec ma tante à la voir broder, à l'entendre chanter, assis ou debout à côté d'elle ; et j'étais content. Son enjouement, sa douceur, sa figure agréable m'ont laissé de si fortes impressions, que je vois encore son air, son regard, son attitude : je me souviens de ses petits propos caressants ; je dirais comment elle était vêtue et coiffée, sans oublier les deux crochets que ses cheveux noirs faisaient sur ses tempes, selon la mode de ce temps-là. Je suis persuadé que je lui dois le goût ou plutôt la passion pour la musique, qui ne s'est bien développée en moi que longtemps après. Elle savait une quantité prodigieuse d'airs et de chansons qu'elle chantait avec un filet de voix fort douce. La sérénité d'âme de cette excellente fille éloignait d'elle et de tout ce qui l'environnait la rêverie et la tristesse.

« Ce train d'éducation fut interrompu par un accident dont les suites ont influé sur le reste de ma vie. Mon père eut un démêlé avec un M. Gautier, capitaine, apparenté dans le Conseil. »

Rousseau donne de cette querelle un récit court et partial. On connaîtra mieux la vérité en lisant la déposition du capitaine Gautier, qui est conservée dans nos archives avec les autres pièces du procès, et qui est confirmée par les dires des témoins entendus dans l'enquête.

« *Du samedi 10 octobre 1722.* — Déclaration de Pierre fils de Jaques Gautier, citoyen, âgé de trente-cinq ans, (¹) lequel a dit et déclaré que dans le mois de juin, en allant à Meyrin, il trouva deux hommes qui étaient dans le grand chemin vis-à-vis un pré d'icelui déclarant, et que comme il lui sembla qu'ils voulaient entrer dans ses prés, il lui dit : Ménagez un peu nos prés ; que sur cela un de ces hommes qu'il a reconnu ensuite être le S¹ Rousseau fils, (²) le mit en joue, ce qui obligea icelui déclarant de lui dire qu'il allait chercher des gens à Meyrin pour le reconnaître. Et étant allé au galop à Meyrin, il y prit des paysans qu'il amena vers son pré, qu'il avait montré avec la main aux dits deux hommes ; mais il ne les trouva plus ;

« Qu'ensuite, le jour d'hier, vers les deux heures après midi, icelui déclarant étant allé pour parler au S¹ Rilliet, procureur, il vit un homme qu'on lui dit être le S¹ Rousseau fils, qui l'aborda et le regarda sous le nez pendant quelque temps ; et sur ce qu'icelui déclarant lui dit : Vous me regardez bien ! voulez-vous m'acheter ? il lui répondit : N'est-ce pas vous qui vouliez me mener à Meyrin ? et icelui déclarant lui ayant dit : Vous vouliez bien faire une jolie action, le dit Rousseau le prit sur-le-champ par le bras, et le mena à quelques pas et lui dit : Ne dites mot, venez,

(¹) C'était un officier retiré du service ; il avait été capitaine dans les chevaliers gardes-du-corps de S. M. le roi de Pologne.

(²) Comme le grand-père de Jean-Jacques vivait encore, — il mourut presque centenaire — on continuait à appeler *Rousseau fils* Isaac Rousseau, quoiqu'il fût dans sa cinquantième année, et père de deux enfants, dont Jean-Jacques était le cadet.

sortons de la ville, et nous déciderons cela avec l'épée. A quoi icelui déclarant lui ayant répondu qu'il avait mis quelquefois l'épée à la main, mais qu'avec des gens de sa sorte il ne se servait que de bâtons : sur quoi ledit Rousseau tira son épée et lui frappa un coup à la joue dont il nous a fait voir la blessure, et icelui déclarant ayant sur-le-champ tiré l'épée, il fit réflexion qu'il ne devait pas le frapper, ce qui le porta à la remettre dans son fourreau, et plusieurs personnes étant survenues, on les sépara. Ledit Rousseau s'en alla, de même qu'icelui déclarant, qui est tout ce qu'il nous a déclaré. »

Cette querelle avait eu lieu le vendredi 9 octobre 1722; Isaac Rousseau avait jugé à propos de quitter la ville dès le dimanche 11, et de se mettre hors des atteintes de la justice genevoise ; on attendit son retour pendant un mois, au bout duquel il fut jugé par contumace :

« *Registre du Conseil, lundi 9 novembre 1722.* — Le Sr Rousseau fils, maître de danse, (¹) a été condamné en tenant les faits résultat de l'information, et vu sa non-comparaissance, pour confessés et avérés, à venir céans demander pardon genoux en terre, à Dieu, à la Seigneurie et au Sr Gautier, des excès par lui

---

(¹) En 1694, Isaac Rousseau, alors âgé de 22 ans, s'était associé avec deux autres personnes pour enseigner la danse; mais il avait bientôt repris son métier d'horloger, le seul que son fils lui ait connu.

commis, à trois mois de prison en chambre close, à cinquante écus d'amende, et aux dépens. »

Isaac Rousseau alla s'établir à Nyon; il s'y remaria trois ans après, et y demeura jusqu'à la fin de sa vie. Nous reprenons le récit des *Confessions :*

« Je restai sous la tutelle de mon oncle Bernard, alors employé aux fortifications de Genève. Il avait un fils de même âge que moi. Nous fûmes mis ensemble à Bossey en pension chez le ministre Lambercier pour y apprendre le latin.

« Deux ans passés au village adoucirent un peu mon âpreté romaine, et me ramenèrent à l'état d'enfant. A Genève, où l'on ne m'imposait rien, j'aimais l'application, la lecture : c'était presque mon seul amusement; à Bossey, le travail me fit aimer les jeux qui lui servaient de relâche. La campagne était pour moi si nouvelle, que je ne pouvais me lasser d'en jouir. Je pris pour elle un goût si vif, qu'il n'a jamais pu s'éteindre. Le souvenir des jours heureux que j'y ai passés m'a fait regretter son séjour et ses plaisirs dans tous les âges, jusqu'à celui qui m'y a ramené. M. Lambercier était un homme fort raisonnable, qui, sans négliger notre instruction, ne nous chargeait point de devoirs extrêmes. La preuve qu'il s'y prenait bien est que, malgré mon aversion pour la gêne, je ne me suis jamais rappelé avec dégoût mes heures d'étude, et que, si je n'appris pas de lui beaucoup de choses, ce que j'appris je l'appris sans peine et n'en ai rien oublié.

« La simplicité de cette vie champêtre me fit un bien d'un prix inexprimable en ouvrant mon cœur à l'amitié. Jusqu'alors je n'avais connu que des sentiments élevés, mais imaginaires. L'habitude de vivre ensemble dans un état paisible m'unit tendrement à mon cousin Bernard. En peu de temps j'eus pour lui des sentiments plus affectueux que ceux que j'avais eus pour mon frère, et qui ne se sont jamais effacés. C'était un grand garçon fort efflanqué, fort fluet, aussi doux d'esprit que faible de corps, et qui n'abusait pas trop de la prédilection qu'on avait pour lui dans la maison, comme fils de mon tuteur. Nos travaux, nos amusements, nos goûts, étaient les mêmes : nous étions seuls, nous étions de même âge, chacun des deux avait besoin d'un camarade ; nous séparer était, en quelque sorte, nous anéantir. Quoique nous eussions peu d'occasions de faire preuve de notre attachement l'un pour l'autre, il était extrême et non-seulement nous ne pouvions vivre un instant séparés, mais nous n'imaginions pas que nous puissions jamais l'être. Tous deux d'un esprit facile à céder aux caresses, complaisants quand on ne voulait pas nous contraindre, nous étions toujours d'accord sur tout. Si, par la faveur de ceux qui nous gouvernaient, il avait sur moi quelque ascendant sous leurs yeux, quand nous étions seuls, j'en avais un sur lui qui rétablissait l'équilibre. Dans nos études, je lui soufflais sa leçon quand il hésitait ; quand mon thème était fait, je lui aidais à faire le sien, et dans nos amusements, mon goût plus actif lui servait toujours de guide.

« La manière dont je vivais à Bossey me convenait si bien, qu'il ne lui a manqué que de durer plus longtemps pour fixer absolument mon caractère. Les sentiments tendres, affectueux, paisibles, en faisaient le fond. Etre aimé de tout ce qui m'approchait était le plus vif de mes désirs. J'étais doux ; mon cousin l'était ; ceux qui nous gouvernaient l'étaient eux-mêmes. Pendant deux ans entiers je ne fus ni témoin ni victime d'un sentiment violent. Tout nourrissait dans mon cœur les dispositions qu'il reçut de la nature. Je ne connaissais rien d'aussi charmant que de voir tout le monde content de moi et de toute chose. Je me souviendrai toujours qu'au temple, répondant au catéchisme, rien ne me troublait plus, quand il m'arrivait d'hésiter, que de voir sur le visage de mademoiselle Lambercier des marques d'inquiétude et de peine.

« J'étudiais un jour seul ma leçon dans la chambre contiguë à la cuisine. La servante avait mis sécher à la plaque les peignes de mademoiselle Lambercier. Quand elle revint les prendre, il s'en trouva un dont tout un côté de dents était brisé. A qui s'en prendre de ce dégât ? personne autre que moi n'était entré dans la chambre. On m'interroge : je nie d'avoir touché le peigne. Monsieur et mademoiselle Lambercier se réunissent, m'exhortent, me pressent, me menacent : je persiste avec opiniâtreté ; mais la conviction était trop forte, elle l'emporta sur toutes mes protestations, quoique ce fût la première fois qu'on m'eût trouvé tant d'audace à mentir. La chose fut prise au sérieux : elle méritait de l'être. La méchanceté, le mensonge, l'obstination parurent également dignes de punition. Mon pauvre cousin était chargé d'un autre délit non moins grave ; nous fûmes enveloppés dans la même exécution. Elle fut terrible. On ne put m'arracher l'aveu qu'on exigeait. Repris à plusieurs fois et mis dans l'état le plus affreux, je fus inébranlable. J'aurais souffert la mort, et j'y étais résolu. Il fallut que la force même cédât au diabolique entêtement d'un enfant, car on n'appela pas autrement ma constance. Enfin je sortis de cette cruelle épreuve en pièces, mais triomphant.

« Il y a maintenant près de cinquante ans de cette aventure, et je n'ai pas peur d'être puni derechef pour le même fait : eh bien ! je déclare que j'en étais innocent, que je n'avais ni cassé ni touché le peigne, que je n'avais pas approché de la plaque, et que je n'y avais pas même songé. Qu'on ne me demande pas comment ce dégât se fit : je l'ignore et je ne puis le comprendre ; ce que je sais très-certainement, c'est que j'en étais innocent.

« Je n'avais pas encore assez de raison pour sentir combien les apparences me condamnaient, et pour me mettre à la place des autres. Je me tenais à la mienne ; et tout ce que je sentais, c'était la rigueur d'un châtiment effroyable pour un crime que je n'avais pas commis. La douleur du corps, quoique vive, m'était peu sensible : je ne sentais que l'indignation, la rage, le désespoir. Mon cousin, dans un cas à peu près semblable, et qu'on avait puni d'une faute involontaire comme d'un acte prémédité, se mettait en fureur à mon exemple, et se montait pour ainsi dire à mon unisson. Tous deux dans le même lit, nous nous embrassions avec des transports convulsifs, nous étouffions ; et quand nos jeunes cœurs un peu soulagés pouvaient exhaler leur colère, nous nous levions sur notre séant, et nous nous mettions tous deux à crier cent fois de toute notre force : *Carnifex ! carnifex ! carnifex !*

« Là fut le terme de la sérénité de ma vie enfantine. Dès ce moment, je cessai de jouir d'un bonheur pur, et je sens aujourd'hui même que le souvenir des charmes de mon enfance s'arrête là. Nous restâmes encore à Bossey quelques mois. Nous y fûmes comme on nous représente le premier homme, encore dans le paradis terrestre, mais ayant cessé d'en jouir. C'était en apparence la même situation, et en effet une tout autre manière d'être. L'attachement, le respect, l'intimité, la confiance, ne liaient plus les élèves à leurs guides ; nous ne les regardions plus comme des Dieux qui lisaient dans nos cœurs ; nous étions moins honteux de mal faire et plus craintifs d'être accusés ; nous commencions à nous cacher, à nous mutiner, à mentir. Tous les vices de notre âge corrompaient notre innocence et enlaidissaient nos jeux. La campagne même perdit à nos yeux cet attrait de douceur et de simplicité qui va au cœur : elle nous semblait déserte et sombre ; elle s'était comme couverte d'un voile qui nous en cachait les beautés. Nous cessâmes de cultiver nos petits jardins, nos herbes, nos fleurs. Nous n'allions plus gratter légèrement la terre, et crier de joie en découvrant le germe du grain que nous avions semé. Nous nous dégoûtâmes de cette vie ; on se dégoûta de nous ; mon oncle nous retira.

« Près de trente ans se sont passés depuis ma sortie de Bossey, sans que je m'en sois rappelé le séjour d'une manière agréable par des souvenirs un peu liés ; mais depuis qu'ayant passé l'âge mûr je décline vers la vieillesse, je sens que ces mêmes souvenirs renaissent tandis que les autres s'effacent, et se gravent dans ma mémoire avec des traits dont le charme et la force augmentent de jour en jour ; comme si, sentant déjà la vie qui s'échappe, je cherchais à la ressaisir par ses commencements. Les moindres faits de ce temps-là me plaisent, par cela seul qu'ils sont de ce temps-là. Je me rappelle toutes les circonstances des lieux, des personnes, des heures. Je vois la servante ou le valet agissant dans la chambre, une hirondelle entrant par la fenêtre, une mouche se poser sur ma main tandis que je récitais ma leçon : je vois tout l'arrangement de la chambre où nous étions, le cabinet de M. Lambercier à main droite, une estampe représentant tous les papes, un baromètre, un grand calendrier, des framboisiers qui, d'un jardin fort élevé dans lequel la maison s'enfonçait sur le derrière, venaient ombrager la fenêtre et passaient quelquefois jusqu'en dedans.

« De retour à Genève, je passai quelques mois ([1]) chez mon oncle, en attendant qu'on résolût ce que l'on ferait de moi. Comme il destinait son fils au génie, il lui fit apprendre un peu de dessin, et lui enseignait les éléments d'Euclide. J'apprenais tout cela par compagnie, et j'y pris goût, surtout au dessin. Cependant on délibérait si on me ferait horloger, procureur ou ministre. J'aimais mieux être ministre, car je trouvais bien beau de prêcher ; mais le petit revenu du bien de ma mère à partager entre mon frère et moi ne suffisait pas pour pousser mes études. Comme l'âge où j'étais ne rendait pas ce choix bien pressant encore, je restais en attendant chez mon oncle, perdant à peu près mon temps. Mon oncle prenait assez peu de soin de nous. Ma tante était une dévote un peu piétiste, qui aimait mieux chanter les psaumes

---

([1]) Je corrige ici le texte des *Confessions*, où Rousseau parle de *deux ou trois ans* passés chez son oncle. Il était encore à Bossey le mercredi 23 août 1724, quand le roi de Sardaigne, allant de Thonon à Pomiers, pour se diriger ensuite sur Annecy, passa le long du Salève, salué par le canon de la place de Genève. Huit mois après, le 26 avril 1725, les parents de J.-J. Rousseau le plaçaient en apprentissage chez le graveur Ducommun. C'est dans cet intervalle de huit mois qu'il faut loger la fin du séjour de Jean-Jacques à Bossey, le temps qu'il passa chez son oncle, sans occupation suivie, et un essai d'apprentissage chez M. Masseron, greffier de la ville.

que veiller à notre éducation. On nous laissait presque une liberté entière, dont nous n'abusâmes jamais.

« Toujours inséparables, nous nous suffisions l'un à l'autre ; et n'étant point tentés de fréquenter les polissons de notre âge, nous ne prîmes aucune des habitudes libertines que l'oisiveté nous pouvait inspirer. J'ai même tort de nous supposer oisifs, car de la vie nous ne le fûmes moins ; et ce qu'il y avait d'heureux était que tous les amusements dont nous nous passionnions successivement nous tenaient ensemble occupés dans la maison, sans que nous fussions même tentés de descendre à la rue. Nous faisions des cages, des flûtes, des volants, des tambours, des maisons, des *équifles*, des arbalètes. Nous gâtions les outils de mon bon vieux grand-père pour faire des montres à son imitation. Nous avions surtout un goût de préférence pour barbouiller du papier, dessiner, laver, enluminer, faire un dégât de couleurs.

« Il vint à Genève un charlatan italien appelé Gamba-Corta ; nous allâmes le voir une fois, et puis nous n'y voulûmes plus aller ; mais il avait des marionnettes, et nous nous mîmes à faire des marionnettes ; ses marionnettes jouaient des manières de comédies, et nous fîmes des comédies pour les nôtres. Nous contrefaisions du gosier la voix de Polichinelle, pour jouer ces charmantes comédies que nos pauvres bons parents avaient la patience de voir et d'entendre. Mais mon oncle Bernard ayant un jour lu dans la famille un très-beau sermon de sa façon, nous quittâmes les comédies, et nous nous mîmes à composer des sermons.

« Ces détails ne sont pas fort intéressants, je l'avoue ; mais ils montrent à quel point il fallait que notre première éducation eût été bien dirigée, pour que, maîtres presque de notre temps et de nous dans un âge si tendre, nous fussions si peu tentés d'en abuser. Nous avions si peu besoin de nous faire des camarades que nous en négligions même l'occasion. Quand nous allions nous promener, nous regardions en passant leurs jeux sans convoitise, sans songer même à y prendre part. L'amitié remplissait si bien nos cœurs qu'il nous suffisait d'être ensemble pour que les plus simples goûts fissent nos délices.

« A force de nous voir inséparables, on y prit garde ; d'autant plus que, mon cousin étant très-grand et moi très-petit, cela faisait un couple assez plaisamment assorti. Sa longue figure effilée, son petit visage de pomme cuite, son air mou, sa démarche nonchalante, excitaient les enfants à se moquer de lui. Dans le patois du pays on lui donna le surnom de *Barnâ Bredanna*, et sitôt que nous sortions, nous n'entendions que *Barnâ Bredanna* tout autour de nous. Il endurait cela plus tranquillement que moi. Je me fâchai, je voulus me battre ; c'était ce que les petits coquins demandaient. Je battis, je fus battu. Mon pauvre cousin me soutenait de son mieux ; mais il était faible, d'un coup de poing on le renversait. Alors je devenais furieux. Cependant, quoique j'attrapasse force horions, ce n'était pas à moi qu'on en voulait, c'était à *Barnâ Bredanna :* mais j'augmentai tellement le mal par ma mutine colère que nous n'osions plus sortir qu'aux heures où l'on était en classe, de peur d'être hués et suivis par les écoliers.

« J'allais de temps en temps voir mon père à Nyon, où il s'était établi. Mon père était fort aimé, et son fils se sentait de cette bienveillance. Pendant le peu de séjour que je faisais près de lui, c'était à qui me fêterait. Une madame de Vulson surtout me faisait mille caresses ; et pour y mettre le comble, sa fille me prit pour son galant. On sent ce que c'est qu'un galant de onze ans pour une fille de vingt-deux. Pour moi, je pris la chose au sérieux ; je me livrai de tout mon cœur, ou plutôt de toute ma tête, car je n'étais guère amoureux que par là, quoique je le fusse à la folie, et que mes transports, mes agitations, mes fureurs, donnassent des scènes à pâmer de rire.

« J'aurais passé ma vie entière avec mademoiselle de Vulson sans songer à la quitter ; mais en l'abordant ma joie était tranquille et n'allait pas à l'émotion. Je l'aimais surtout en grande compagnie : les plaisanteries, les agaceries, les jalousies même, m'attachaient, m'intéressaient ; je triomphais avec orgueil de ses préférences près des grands rivaux qu'elle paraissait maltraiter. Les applaudissements, les encouragements, les ris m'échauffaient, m'animaient. J'avais des emportements, des saillies, j'étais transporté d'amour dans un cercle; tête à tête, j'aurais été contraint, froid, peut-être ennuyé. Cependant je m'intéressais tendrement à elle; je souffrais quand elle était malade, j'aurais donné ma santé pour rétablir la sienne ; et notez que je savais très-bien par expérience ce que c'était que maladie, et ce que c'était que santé. Absent d'elle, j'y pensais, elle me manquait; présent, ses caresses m'étaient douces au cœur. Nos séparations ne se faisaient jamais sans larmes, et il est singulier dans quel vide accablant je me sentais plongé après l'avoir quittée. Je ne pouvais parler que d'elle, ni penser qu'à elle : mes regrets étaient vrais et vifs ; mais je crois qu'au fond ces regrets n'étaient pas tous pour elle, et que, sans que je m'en aperçusse, les amusements dont elle était le centre y avaient leur bonne part. Pour tempérer les douleurs de l'absence, nous nous écrivions des lettres d'un pathétique à faire fendre les rochers. Enfin j'eus la gloire qu'elle n'y put plus tenir, et qu'elle vint me voir à Genève. Pour le coup, la tête acheva de me tourner ; je fus ivre et fou les deux jours qu'elle y resta. Quand elle partit, je voulais me jeter dans l'eau après elle, et je fis longtemps retentir l'air de mes cris. Huit jours après, elle m'envoya des bonbons et des gants; ce qui m'eût paru fort galant, si je n'eusse appris en même temps qu'elle était mariée, et que ce voyage, dont il lui avait plu de me faire honneur, était pour acheter ses habits de noce. Je ne décrirai pas ma fureur: elle se conçoit. Je jurai dans mon courroux de ne plus revoir la perfide. Elle n'en mourut pas cependant; car vingt ans après, étant allé voir mon père, et me promenant avec lui sur le lac, je demandai qui étaient des dames que je voyais dans un bateau peu loin du nôtre. Comment! me dit mon père en souriant, le cœur ne te le dit-il pas ? Ce sont tes anciennes amours ; c'est madame Christin, c'est mademoiselle de Vulson. Je tressaillis à ce nom presque oublié ; mais je dis aux bateliers de changer de route, ne jugeant pas, quoique j'eusse assez beau jeu pour prendre alors ma revanche, que ce fût la peine d'être parjure, et de renouveler une querelle de vingt ans avec une femme de quarante.

« Ainsi se perdait en niaiseries le précieux temps de mon enfance, avant qu'on eût décidé de ma destination. Après de longues délibérations pour suivre mes dispositions naturelles, on prit enfin le parti pour lequel j'en avais le moins, et l'on me mit chez M. Masseron, greffier de la ville, pour apprendre sous lui, comme disait M. Bernard, l'utile métier de grapignan. Ce surnom me déplaisait souverainement ; l'occupation me paraissait ennuyeuse, insupportable ; l'assiduité, l'assujettissement, achevèrent de m'en rebuter, et je n'entrais jamais au greffe qu'avec une horreur qui croissait de jour en jour. M. Masseron, de son côté, peu content de moi, me traitait avec mépris, me reprochant sans cesse mon engourdissement, ma bêtise, me répétant tous les jours que mon oncle l'avait assuré *que je savais, que je savais,* tandis que dans le vrai je ne savais rien ; qu'il lui avait promis un joli garçon, et qu'il ne lui avait donné qu'un âne. Enfin je fus renvoyé du greffe ignominieusement pour mon ineptie, et il fut prononcé par les clercs de M. Masseron que je n'étais bon qu'à mener la lime.

« Ma vocation ainsi déterminée, je fus mis en apprentissage, non toutefois chez un horloger, mais chez un graveur. Les dédains du greffier m'avaient extrêmement humilié, et j'obéis sans murmure. Mon maître, M. Ducommun, (¹) était un jeune homme rustre et violent, qui vint à bout, en très-peu de temps, de ternir tout l'éclat de mon enfance, d'abrutir mon caractère aimant et vif, et de me réduire, par l'esprit ainsi que par la fortune, à mon véritable état d'apprenti. Mon latin, mes antiquités, mon histoire, tout fut pour longtemps oublié ; je ne me souvenais pas même qu'il y eût eu des Romains au monde. Mon père, quand je l'allais voir, (²) ne trouvait plus en moi son

---

(¹) Abel Ducommun n'était âgé que de vingt ans au moment où il prit J.-J. Rousseau en apprentissage, et promit *de lui apprendre sa profession de graveur, en tant toutefois que le dit apprenti le pourra comprendre, de nourrir et coucher le dit apprenti, et l'élever et instruire en la crainte de Dieu et bonnes mœurs, comme il est convenable à un père de famille.* — Père de famille, Abel Ducommun ne l'était pas encore quand J.-J. Rousseau entra chez lui ; il se maria le 17 novembre 1726.

(²) Dans une des tourelles du château de Martheray, à Begnins, on voyait encore, il y a quelques années, cette inscription écrite au crayon sur la porte : *Jean-Jaques Rousseau, cytoien de Genève, 1727.* A quinze ans, l'apprenti graveur aimait déjà à se parer du titre que le grand écrivain a placé plus tard en tête de ses livres.

idole ; je n'étais plus pour les dames le galant Jean-Jacques ; et je sentais si bien moi-même que monsieur et mademoiselle Lambercier n'auraient plus reconnu en moi leur élève, que j'eus honte de me représenter à eux, et ne les ai plus revus depuis lors. Les goûts les plus vils, la plus basse polissonnerie succédèrent à mes aimables amusements, sans m'en laisser même la moindre idée. Il faut que, malgré l'éducation la plus honnête, j'eusse un grand penchant à dégénérer, car cela se fit très-rapidement, sans la moindre peine ; et jamais César si précoce ne devint si promptement Laridon.

« Le métier ne me déplaisait pas en lui-même ; j'avais un goût vif pour le dessin, le jeu du burin m'amusait assez ; et comme le talent du graveur pour l'horlogerie est très-borné, j'avais l'espoir d'en atteindre la perfection. J'y serais parvenu peut-être si la brutalité de mon maître et la gêne excessive ne m'avaient rebuté du travail. Je lui dérobais mon temps pour l'employer en occupations du même genre, mais qui avaient pour moi l'attrait de la liberté. Je gravais des espèces de médailles pour nous servir, à moi et à mes camarades, d'ordre de chevalerie. Mon maître me surprit à ce travail de contrebande, et me roua de coups, disant que je m'exerçais à faire de la fausse monnaie, parce que nos médailles avaient les armes de la république. Je puis bien jurer que je n'avais nulle idée de la fausse monnaie, et très-peu de la véritable.

« La tyrannie de mon maître finit par me rendre insupportable le travail que j'aurais aimé, et par me donner des vices que j'aurais haïs, tels que le mensonge, la fainéantise, le vol. Rien ne m'a mieux appris la différence qu'il y a de la dépendance filiale à l'esclavage servile, que le souvenir des changements que produisit en moi cette époque. Naturellement timide et honteux, je n'eus jamais plus d'éloignement pour aucun défaut que pour l'effronterie. Mais j'avais joui d'une liberté honnête, qui seulement s'était restreinte jusque là par degrés, et s'évanouit enfin tout à fait. J'étais hardi chez mon père, libre chez M. Lambercier, discret chez mon oncle ; je devins craintif chez mon maître, et dès lors je fus un enfant perdu. Accoutumé à une égalité parfaite avec mes supérieurs dans la manière de vivre, à ne pas connaître un plaisir qui ne fût à ma portée, à ne pas voir un mets dont je n'eusse ma part, à n'avoir pas un désir que je ne témoignasse, à mettre enfin tous les mouvements de mon cœur sur mes lèvres, qu'on juge de ce que je dus devenir dans une maison où je n'osais pas ouvrir la bouche, où il fallait sortir de table au tiers du repas, et de la chambre aussitôt que je n'y avais rien à faire ; où, sans cesse enchaîné à mon travail, je ne voyais qu'objets de jouissances pour d'autres et de privations pour moi seul ; où l'image de la liberté du maître et des compagnons augmentait le poids de mon assujettissement ; où, dans les disputes sur ce que je savais le mieux, je n'osais ouvrir la bouche ; où tout enfin ce que je voyais devenait pour mon cœur un objet de convoitise, uniquement parce que j'étais privé de tout. Adieu l'aisance, la gaîté, les mots heureux qui jadis souvent dans mes fautes m'avaient fait échapper au châtiment. Je ne puis me rappeler sans rire qu'un soir, chez mon père, étant condamné pour quelque espièglerie à m'aller coucher sans souper, et passant par la cuisine avec mon triste morceau de pain, je vis et flairai le rôti tournant à la broche. On était autour du feu ; il fallut en passant saluer tout le monde. Quand la ronde fut faite, lorgnant du coin de l'œil ce rôti qui avait si bonne mine et qui sentait si bon, je ne pus m'abstenir de lui faire aussi la révérence, et de lui dire d'un ton piteux : *Adieu, rôti.* Cette saillie de naïveté parut si plaisante, qu'on me fit rester à souper. Peut-être eût-elle eu le même bonheur chez mon maître, mais il est sûr qu'elle ne m'y serait pas venue, ou que je n'aurais osé m'y livrer.

« J'atteignis ainsi ma seizième année, inquiet, mécontent de tout et de moi, sans goût de mon état, sans plaisirs de mon âge, dévoré de désirs dont j'ignorais l'objet, pleurant sans sujet de larmes, soupirant sans savoir de quoi, enfin caressant tendrement mes chimères, faute de rien voir autour de moi qui les valût. Les dimanches, mes camarades venaient me chercher après le prêche pour aller m'ébattre avec eux. Je leur aurais volontiers échappé si j'avais pu ; mais une fois en train dans leurs jeux, j'étais plus ardent et j'allais plus loin qu'aucun autre, difficile à ébranler et à retenir. Ce fut là de tout temps ma disposition constante. Dans nos promenades hors de la ville, j'allais toujours en avant sans songer au retour, à moins que d'autres n'y songeassent pour moi. J'y fus pris deux fois ; les portes furent fermées avant que je pusse arriver. Le lendemain je fus traité comme on s'imagine ; et la seconde fois il me fut promis un tel accueil pour la troisième, que je résolus de ne m'y pas exposer.

« Cette troisième fois si redoutée arriva pourtant. Ma vigilance fut mise en défaut par un maudit capitaine appelé M. Minutoli, qui fermait toujours la porte où il était de garde une demi-heure avant les autres. Je revenais avec deux camarades. ([1]) A demi-lieue de la ville j'entends sonner la retraite, je double le pas ; j'entends battre la caisse, je cours à toutes jambes ; j'arrive essoufflé, tout en nage ; le cœur me bat, je vois de loin les soldats à leur poste ; j'accours, je crie d'une voix étouffée. Il était trop tard. A vingt pas de l'avancée, je vois lever le premier pont. Je frémis en voyant en l'air ces cornes terribles, sinistre et fatal augure du sort inévitable que ce moment commençait pour moi.

« Dans le premier transport de ma douleur, je me jetai sur le glacis et mordis la terre. Mes camarades, riant de leur malheur, prirent à l'instant leur parti. Je pris aussi le mien ; mais ce fut d'une autre manière. Sur le lieu même je jurai de ne retourner ja-

([1]) Le dimanche 14 mars 1728.

mais chez mon maître ; et le lendemain, quand à l'heure de la découverte ils rentrèrent en ville, je leur dis adieu pour jamais.

« Encore enfant, quitter mon pays, mes parents, mes appuis, mes ressources ; laisser un apprentissage à moitié fait sans savoir mon métier assez pour en vivre ; me livrer aux horreurs de la misère sans voir aucun moyen d'en sortir ; dans l'âge de la faiblesse et de l'innocence, m'exposer à toutes les tentations du vice et du désespoir ; chercher au loin les maux, les erreurs, les piéges, l'esclavage et la mort, sous un joug bien plus inflexible que celui que je n'avais pu souffrir, c'était là ce que j'allais faire.

« Avant de m'abandonner à la fatalité de ma destinée, qu'on me permette de tourner un moment les yeux sur celle qui m'attendait naturellement si j'étais tombé dans les mains d'un meilleur maître. Rien n'était plus convenable à mon humeur, ni plus propre à me rendre heureux, que l'état tranquille et obscur d'un bon artisan, dans certaines classes surtout, telle qu'est à Genève celle des graveurs. Cet état, assez lucratif pour donner une subsistance aisée, et pas assez pour mener à la fortune, eût borné mon ambition pour le reste de mes jours, et, me laissant un loisir honnête pour cultiver des goûts modérés, il m'eût contenu dans ma sphère sans m'offrir aucun moyen d'en sortir. Ayant une imagination assez riche pour orner de ses chimères tous les états, assez puissante pour me transporter, pour ainsi dire, à mon gré de

l'un à l'autre, il m'importait peu dans lequel je fusse
en effet. Il ne pouvait y avoir si loin du lieu où
j'étais au premier château en Espagne, qu'il ne me
fût aisé de m'y établir. De cela seul il suivait que
l'état le plus simple, celui qui donnait le moins de
tracas et de soins, celui qui laissait l'esprit le plus
libre, était celui qui me convenait le mieux : et c'était
précisément le mien. J'aurais passé dans le sein de
ma religion, de ma patrie, de ma famille et de mes
amis, une vie paisible et douce, telle qu'il la fallait à
mon caractère, dans l'uniformité d'un travail de mon
goût et d'une société selon mon cœur. J'aurais été
bon chrétien, bon citoyen, bon père de famille, bon
ami, bon ouvrier, bon homme en toute chose. J'aurais aimé mon état, je l'aurais honoré peut-être ; et
après avoir passé une vie obscure et simple, mais
égale et douce, je serais mort paisiblement dans le
sein des miens. Bientôt oublié sans doute, j'aurais été
regretté du moins aussi longtemps qu'on se serait
souvenu de moi. Au lieu de cela. . . . . »

II

Dans cette esquisse de la vie de J.-J. Rousseau, je
glisserai rapidement sur les années qu'il passa hors
de notre pays ; il ne faut voir dans mon récit que le
fil nécessaire à rattacher ensemble les pages des

Confessions où Rousseau parle de ses séjours en Suisse.

Le pauvre garçon quitta donc sa ville natale et partit pour Turin, où on lui fit abjurer le protestantisme. Il espéra d'abord tirer parti de ses connaissances dans le métier de graveur, mais il n'en savait pas assez pour gagner sa vie; et pour échapper à la faim, il ne trouva pas d'autre ressource qu'une place de laquais. Ses maîtres étaient bons; ils reconnurent en lui un jeune homme bien né, et voulurent lui faire reprendre ses études et le préparer à devenir leur secrétaire. Le caractère fantasque de Jean-Jacques vint à la traverse de ce projet, il quitta brusquement une famille qui lui voulait du bien, et partit pour Annecy. On l'y mit au séminaire, où on ne le jugea pas assez intelligent pour vouloir le garder longtemps. Il entra alors à la maîtrise de la cathédrale d'Annecy, et il y étudia la musique pendant six mois, au bout desquels il se crut en état de l'enseigner. Il avait dix-huit ans; son humeur aventureuse l'avait ramené en Suisse, où nous le retrouvons sur le chemin de Fribourg à Lausanne :

« J'avais grand besoin d'arriver en quelque lieu que ce fût, et le plus proche était le mieux; car, m'étant égaré dans ma route, je me trouvai le soir à Moudon, où je dépensai le peu qui me restait, hors dix kreutzers, qui partirent le lendemain à la dînée : et, arrivé le soir à un petit village auprès de Lausanne, j'y entrai dans un cabaret sans un sou pour payer ma couchée, et sans savoir que devenir. J'avais grand'faim ; je fis bonne contenance, et je demandai à souper, comme si j'eusse eu de quoi bien payer. J'allai me coucher sans songer à rien, je dormis tranquillement ; et après avoir déjeuné le matin, et compté avec l'hôte, je voulus, pour sept batz, à quoi montait ma dépense, lui laisser ma veste en gage. Ce brave homme la refusa ; il me dit que grâce au ciel il n'avait jamais dépouillé personne, qu'il ne voulait pas commencer pour sept batz, que je gardasse ma veste, et que je le paierais quand je pourrais. Je fus touché de sa bonté, mais moins que je ne devais l'être, et que je ne l'ai été depuis en y repensant. Je ne tardai guère à lui renvoyer son argent avec des remerciements par un homme sûr : mais, quinze ans après, repassant par Lausanne à mon retour d'Italie, j'eus un vrai regret d'avoir oublié le nom du cabaret et de l'hôte. Je l'aurais été voir ; je me serais fait un vrai plaisir de lui rappeler sa bonne œuvre, et de lui prouver qu'elle n'avait pas été mal placée.

« En approchant de Lausanne, je rêvais à la détresse où je me trouvais, aux moyens de m'en tirer sans aller montrer ma misère à ma belle-mère ; je me mis en tête d'enseigner à Lausanne la musique, que je ne savais pas, et de me dire de Paris, où je n'avais jamais été. En conséquence de ce beau projet, je commençai par m'informer d'une petite auberge où l'on pût être assez bien et à bon marché. On m'enseigna un nommé Perrotet, qui tenait des pensionnaires. Ce Perrotet se trouva être le meilleur homme du monde, et me reçut fort bien. Je lui contai mes petits mensonges comme je les avais arrangés. Il me promit de parler de moi, et de tâcher de me procurer des écoliers ; il me dit qu'il ne me demanderait de l'argent que quand j'en aurais gagné. Sa pension était de cinq écus blancs ; ce qui était peu pour la chose, mais beaucoup pour moi. Il me conseilla de ne me mettre d'abord qu'à la demi-pension, qui consistait pour le dîner en une bonne soupe, et rien de plus, mais bien à souper le soir. J'y consentis. Ce pauvre Perrotet me fit toutes ces avances du meilleur cœur du monde, et n'épargnait rien pour m'être utile.

« J'écrivis de Lausanne à mon père, qui m'envoya mon paquet, et me marqua d'excellentes choses, dont j'aurais dû mieux profiter. J'ai déjà noté des moments de délire inconcevables où je n'étais plus moi-même. En voici encore un des plus marqués. Pour comprendre à quel point la tête me tournait alors, il ne faut que voir combien tout à la fois j'accumulai d'extravagances. Me voilà maître à chanter sans savoir déchiffrer un air. Parisien de Genève, et catholique en pays protestant, je crus devoir changer mon nom ainsi que ma religion et ma patrie. Je fis l'anagramme du nom de Rousseau dans celui de Vaussore, et je m'appelai Vaussore de Villeneuve. Sans savoir la composition je m'en vantai à tout le monde ; et sans pouvoir noter le moindre vaudeville, je me donnai pour compositeur. Ce n'est pas tout : ayant été présenté à M. de Treytorens, professeur en droit, qui aimait la musique et faisait des concerts chez lui, je voulus lui donner un échantillon de mon talent, et je me mis à composer une pièce pour son concert, aussi effrontément que si j'avais su comment m'y prendre. J'eus la constance de travailler pendant quinze jours à ce bel ouvrage, de le mettre au net, d'en tirer les parties, et de les distribuer avec autant d'assurance que si c'eût été un chef-d'œuvre d'harmonie. Enfin, ce qu'on aura peine à croire, et qui est très-vrai, pour couronner dignement cette sublime production, je mis à la fin un joli menuet qui courait les rues, et que tout le monde se rappelle peut-être encore, sur ces paroles jadis si connues :

Quel caprice !
Quelle injustice !
Quoi ! ta Clarisse
Trahirait tes feux !

« Je mis à la fin de ma composition ce menuet et sa basse, en supprimant les paroles, et je le donnai pour être de moi, tout aussi résolûment que si j'avais parlé à des habitants de la lune. On s'assemble pour exécuter ma pièce. J'explique à chacun le genre du mouvement, le goût de l'exécution, les renvois des parties ; j'étais fort affairé. On s'accorde pendant cinq ou six minutes, qui furent pour moi cinq ou six siècles. Enfin, tout étant prêt, je frappe avec un beau rouleau de papier sur mon pupitre magistral les cinq ou six coups du *prenez garde à vous*. On fait silence.

Je me mets gravement à battre la mesure : on commence..... Non, depuis qu'il existe des opéras français, de la vie on n'ouït un semblable charivari. Quoi qu'on eût pu penser de mon prétendu talent, l'effet fut pire que tout ce qu'on semblait attendre. Les musiciens étouffaient de rire ; les auditeurs ouvraient de grands yeux, et auraient bien voulu fermer les oreilles ; mais il n'y avait pas moyen. Mes bourreaux de symphonistes, qui voulaient s'égayer, raclaient à percer le tympan d'un quinze-vingt. J'eus la constance d'aller toujours mon train, suant, il est vrai, à grosses gouttes, mais retenu par la honte, n'osant m'enfuir et tout planter là. Pour ma consolation, j'entendais autour de moi les assistants se dire à leur oreille, ou plutôt à la mienne, l'un : Il n'y a rien là de supportable ; un autre : Quelle musique enragée ! un autre : Quel diable de sabbat ! Pauvre Jean-Jacques, dans ce cruel moment, tu n'espérais guère qu'un jour devant le roi de France et toute sa cour, (1) tes

(1) Rousseau fait allusion à la représentation du *Devin du Village*, qui eut lieu au château de Fontainebleau le 18 octobre 1752 : le récit qu'il en a fait sera bien placé après celui de ce malheureux concert :

« Je tremblais comme un enfant, dit-il, quand on commença. Dès la première scène, qui véritablement est d'une naïveté touchante, j'entendis s'élever dans les loges un murmure de surprise et d'applaudissement. La fermentation croissante alla bientôt au point d'être sensible dans toute l'assemblée, et, pour parler à la Montesquieu, d'augmenter son effet par son effet même. A la scène des deux petites bonnes gens, cet effet fut à son comble. On ne claque point devant le roi ; cela fit qu'on entendit tout ; la

sons exciteraient des murmures de surprise et d'applaudissement, et que, dans toutes les loges autour de toi, les plus aimables femmes se diraient à demi-voix : Quelle musique enchanteresse !

« Mais ce qui mit tout le monde de bonne humeur, fut le menuet. A peine en eut-on joué quelques mesures, que j'entendis partir de toutes parts les éclats de rire. Chacun me félicitait sur mon joli goût de chant; on m'assurait que ce menuet ferait parler de moi, et que je méritais d'être chanté partout. Je n'ai pas besoin de dépeindre mon angoisse, ni d'avouer que je la méritais bien. »

« Le lendemain l'un de mes symphonistes, appelé Lutold, vint me voir, et fut assez bon homme pour ne pas me féliciter sur mon succès. Le profond sentiment de ma sottise, la honte, le regret, le désespoir de l'état où j'étais réduit, l'impossibilité de tenir mon cœur fermé dans ses grandes peines, me firent ouvrir à lui; je lâchai la bonde à mes larmes, et, au lieu de me con-

pièce et l'auteur y gagnèrent. J'entendais autour de moi un chuchotement de femmes qui me semblaient belles comme des anges, et qui s'entredisaient à demi-voix : Cela est charmant! cela est ravissant! il n'y a pas un son là qui ne parle au cœur! Le plaisir de donner de l'émotion à tant d'aimables personnes m'émut moi-même jusqu'aux larmes ; et je ne pus les contenir au premier duo, en remarquant que je n'étais pas seul à pleurer. J'eus un moment de retour sur moi-même, en me rappelant le concert de M. de Treytorens. Cette réminiscence eut l'effet de l'esclave qui tenait la couronne sur la tête des triomphateurs ; mais elle fut courte, et je me livrai bientôt pleinement et sans distraction au plaisir de savourer ma gloire. »

tenter de lui avouer mon ignorance, je lui dis tout, en lui demandant le secret, qu'il me promit, et qu'il me garda comme on peut le croire. Dès le même soir, tout Lausanne sut qui j'étais : et ce qui est remarquable, personne ne m'en fit semblant, pas même le bon Perrotet, qui pour tout cela ne se rebuta pas de me loger et de me nourrir.

« Je vivais, mais bien tristement. Les suites d'un pareil début ne firent pas pour moi de Lausanne un séjour fort agréable. Les écoliers ne se présentaient pas en foule; pas une seule écolière, et personne de la ville. J'eus en tout deux ou trois gros Teutches, aussi stupides que j'étais ignorant, qui m'ennuyaient à mourir, et qui, dans mes mains, ne devinrent pas de grands croquenotes. Je fus appelé dans une seule maison, où un petit serpent de fille se donna le plaisir de me montrer beaucoup de musique, dont je ne pus pas lire une note, et qu'elle eut la malice de chanter ensuite devant monsieur le maître, pour lui montrer comment cela s'exécutait. J'étais si peu en état de lire un air de première vue, que dans le brillant concert dont j'ai parlé, il ne me fut pas possible de suivre un moment l'exécution pour savoir si l'on jouait bien ce que j'avais sous les yeux et que j'avais composé moi-même.

« Comme mes écoliers ne m'occupaient pas beaucoup, je fis à Vevey une promenade de deux ou trois jours, durant lesquels la plus douce émotion ne me quitta point. L'aspect du lac de Genève et de ses admirables côtes eut toujours à mes yeux un attrait particulier que je ne saurais expliquer, et qui ne tient pas seulement à la beauté du spectacle, mais à je ne sais quoi de plus intéressant qui m'affecte et m'attendrit. Toutes les fois que j'approche du pays de Vaud, j'éprouve une impression composée du souvenir de mon père qui y vivait, de mademoiselle de Vulson qui y eut les prémices de mon cœur, de plusieurs voyages de plaisir que j'y fis dans mon enfance, et, ce me semble, de quelque autre cause encore plus secrète et plus forte que tout cela. Quand l'ardent désir de cette vie heureuse et douce qui me fuit et pour laquelle j'étais né vient enflammer mon imagination, c'est toujours au pays de Vaud, près du lac, dans des campagnes charmantes, qu'elle se fixe. Il me faut absolument un verger au bord de ce lac, et non pas d'un autre; il me faut un ami sûr, une femme aimable, une vache et un petit bateau. Je ne jouirai d'un bonheur parfait sur la terre que quand j'aurai tout cela. Je ris de la simplicité avec laquelle je suis allé plusieurs fois dans ce pays-là uniquement pour y chercher ce bonheur imaginaire.

« Dans ce voyage de Vevey, je me livrais, en suivant ce beau rivage, à la plus douce mélancolie; mon cœur s'élançait avec ardeur à mille félicités innocentes; je m'attendrissais, je soupirais et pleurais comme un enfant. Combien de fois, m'arrêtant pour pleurer à mon aise, assis sur une grosse pierre, je me suis amusé à voir tomber mes larmes dans l'eau!

« J'allai à Vevey loger à la Clé; et pendant deux jours que j'y restai sans voir personne, je pris pour cette ville un amour qui m'a suivi dans tous mes voyages, et qui m'y a fait établir enfin les héros de mon roman. Je dirais volontiers à ceux qui ont du goût et qui sont sensibles : Allez à Vevey, visitez le pays, examinez les sites, promenez-vous sur le lac, et dites si la nature n'a pas fait ce beau pays pour une Julie, pour une Claire, et pour un Saint-Preux ; mais ne les y cherchez pas. Je reviens à mon histoire.

« Comme j'étais catholique et que je me donnais pour tel, je suivais sans mystère et sans scrupule le culte que j'avais embrassé. Les dimanches, quand il faisait beau, j'allais à la messe à Assens, à deux lieues de Lausanne. Je faisais ordinairement cette course avec d'autres catholiques, surtout avec un brodeur parisien dont j'ai oublié le nom. Ce n'était pas un Parisien comme moi, c'était un vrai Parisien de Paris, un archi-Parisien du bon Dieu, bon homme comme un Champenois. Il aimait si fort son pays qu'il ne voulut jamais douter que j'en fusse, de peur de perdre cette occasion d'en parler. M. de Crouzaz, lieutenant-baillival, avait un jardinier de Paris aussi, mais moins complaisant et qui trouvait la gloire de son pays compromise à ce qu'on ôsât se donner pour en être lorsqu'on n'avait pas cet honneur. Il me questionnait de l'air d'un homme sûr de me prendre en faute, et puis souriait malignement. Il me demanda une fois ce qu'il y avait de remarquable au Marché-Neuf. Je battis la campagne comme on peut croire. Après avoir passé vingt ans à Paris, je dois à présent connaître cette ville ; cependant, si l'on me faisait aujourd'hui pareille question, je ne serais pas moins embarrassé d'y répondre ; et de cet embarras on pourrait aussi bien conclure que je n'ai jamais été à Paris.

« Je ne saurais dire exactement combien de temps je demeurai à Lausanne. Je n'emportai pas de cette ville des souvenirs bien rappelants. Je sais seulement que, n'y trouvant pas à vivre, j'allai de là à Neuchâtel, et que j'y passai l'hiver. Je réussis mieux dans cette dernière ville : j'y eus des écoliers, et j'y gagnai de quoi m'acquitter avec mon bon ami Perrotet, qui m'avait fidèlement envoyé mon petit bagage, quoique je lui redusse assez d'argent.

« J'apprenais insensiblement la musique en l'enseignant. Ma vie était assez douce : un homme raisonnable eût pu s'en contenter ; mais mon cœur inquiet me demandait autre chose. Les dimanches et les jours où j'étais libre, j'allais courir les campagnes et les bois des environs, toujours errant, rêvant, soupirant ; et quand j'étais une fois sorti de la ville, je n'y rentrais plus que le soir. Un jour, étant à Boudry, j'entrai pour dîner dans un cabaret : j'y vis un homme à grande barbe avec un habit violet à la grecque, un bonnet fourré, l'équipage et l'air assez noble, et qui souvent avait peine à se faire entendre, ne parlant qu'un jargon presque indéchiffrable, mais plus ressemblant à l'italien qu'à nulle autre langue. J'entendais presque tout ce qu'il disait, et j'étais le seul; il ne pouvait s'énoncer que par signes avec l'hôte et les gens du pays. Je lui dis quelques mots en italien qu'il entendit parfaitement: il se leva et vint m'embrasser avec transport. La liaison fut bientôt faite, et dès ce moment je lui servis de truchement. Son dîner était bon, le mien était moins que médiocre; il m'invita de prendre part au sien, je fis peu de façon. En buvant et baragouinant nous achevâmes de nous familiariser, et dès la fin du repas nous devînmes inséparables. Il me conta qu'il était prélat grec et archimandrite de Jérusalem, qu'il était chargé de faire une quête en Europe pour le rétablissement du Saint-Sépulcre. Il me montra de belles patentes de la czarine et de l'empereur: il en avait de beaucoup d'autres souverains. Il était assez content de ce qu'il avait amassé jusqu'alors; mais il avait eu des peines incroyables en Allemagne, n'entendant pas un mot d'allemand, de latin ni de français, et réduit à son grec, au turc et à la langue franque pour toute ressource; ce qui ne lui en procurait pas beaucoup dans le pays où il s'était enfourné. Il me proposa de l'accompagner pour lui servir de secrétaire et d'interprète. Malgré mon petit habit violet, nouvellement acheté, et qui ne cadrait pas mal avec mon nouveau poste, j'avais l'air si peu étoffé, qu'il ne me crut pas difficile à gagner, et il ne se trompa point. Notre accord fut bientôt fait; je ne demandais rien, et il promettait beaucoup. Sans caution, sans sûreté, sans connaissance, je me livre à sa conduite, et dès le lendemain me voilà parti pour Jérusalem.

« Nous commençâmes notre tournée par le canton de Fribourg, où il ne fit pas grand'chose. La dignité épiscopale ne permettait pas de faire le mendiant, et de quêter aux particuliers ; mais nous présentâmes sa commission au sénat, qui lui donna une petite somme. De là nous fûmes à Berne. Nous logeâmes au Faucon, bonne auberge alors, où l'on trouvait bonne compagnie. La table était nombreuse et bien servie. Il y avait longtemps que je faisais mauvaise chère : j'avais grand besoin de me refaire, j'en avais l'occasion, et j'en profitai. Monseigneur l'archimandrite était lui-même un homme de bonne compagnie, aimant assez à tenir table, gai, parlant bien pour ceux qui l'entendaient, ne manquant pas de certaines connaissances, et plaçant son érudition grecque avec assez d'agrément. Un jour, cassant au dessert des noisettes, il se coupa le doigt fort avant ; et comme le sang sortait avec abondance, il montra son doigt à la compagnie, et dit en riant : *Mirate, signori ; questo è sangue pelasgo.*

« A Berne, mes fonctions ne lui furent pas inutiles, et je ne m'en tirai pas aussi mal que j'avais craint. J'étais bien plus hardi et mieux parlant que je n'aurais été pour moi-même. Les choses ne se passèrent pas aussi simplement qu'à Fribourg : il fallut de longues et fréquentes conférences avec les premiers de l'Etat, et l'examen de ses titres ne fut pas l'affaire d'un jour. Enfin, tout étant en règle, il fut admis à l'audience du sénat. J'entrai avec lui comme son interprète, et l'on me dit de parler. Je ne m'attendais à rien moins, et il ne m'était pas venu dans l'esprit qu'après avoir longtemps conféré avec les membres, il fallût s'adresser au corps comme si rien n'eût été dit. Qu'on juge de mon embarras! Pour un homme aussi honteux, parler non-seulement en public, mais devant le sénat de Berne, et parler impromptu sans avoir une seule minute pour me préparer, il y avait là de quoi m'anéantir. Je ne fus pas même intimidé. J'exposai succinctement et nettement la commission de l'archimandrite. Je louai la piété des princes qui avaient contribué à la collecte qu'il était venu faire. Piquant d'émulation celle de leurs Excellences, je dis qu'il n'y avait pas moins à espérer de leur munificence accoutumée; et puis, tâchant de prouver que cette bonne œuvre en était également une pour tous les chrétiens sans distinction de secte, je finis par promettre les bénédictions du ciel à ceux qui voudraient y prendre part. Je ne dirai pas que mon discours fit effet, mais il est sûr qu'il fut goûté, et qu'au sortir de l'audience l'archimandrite reçut un présent fort honnête, et de plus, sur l'esprit de son secrétaire, des compliments dont j'eus l'agréable emploi d'être le truchement, mais que je n'osai lui rendre à la lettre. Voilà la seule fois de ma vie que j'aie parlé en public et devant un souverain, et la seule fois aussi peut-être que j'aie parlé hardiment et bien. Quelle différence dans les dispositions du même homme ! Il y a trois ans qu'étant allé voir à Yverdon mon vieux ami M. Roguin, je reçus une députation pour me remercier de quelques livres que j'avais donnés à la bibliothèque de cette ville. Les Suisses sont grands harangueurs ; ces Messieurs me haranguèrent. Je me crus obligé de répondre ; mais je m'embarrassai tellement dans ma réponse, et ma tête se brouilla si bien, que je restai court, et me fis moquer de moi. Quoique timide naturellement, j'ai été hardi quelquefois dans ma jeunesse, jamais dans mon âge avancé. Plus j'ai vu le monde, moins j'ai pu me faire à son ton.

« Partis de Berne, nous allâmes à Soleure ; car le dessein de l'archimandrite était de reprendre la route d'Allemagne, et de s'en retourner par la Hongrie ou par la Pologne, ce qui faisait une route immense; mais comme chemin faisant sa bourse s'emplissait plus qu'elle ne se vidait, il craignait peu les détours. Pour moi, qui me plaisais presque autant à cheval qu'à pied, je n'aurais pas mieux demandé que de voyager ainsi toute ma vie : mais il était écrit que je n'irais pas si loin.

« La première chose que nous fîmes, arrivant à Soleure, fut d'aller saluer Monsieur l'ambassadeur de France. Malheureusement pour mon évêque, cet ambassadeur était le marquis de Bonac, qui avait été ambassadeur à la Porte, et qui devait être au fait de tout ce qui regardait le Saint-Sépulcre. L'archimandrite eut une audience d'un quart d'heure, où je ne fus pas admis, parce que Monsieur l'ambassadeur entendait la langue franque, et parlait l'italien du moins aussi bien que moi. A la sortie de mon Grec, je voulus le suivre ; on me retint, ce fut mon tour. M'étant donné pour Parisien, j'étais comme tel sous la juridiction de son Excellence. Elle me demanda qui j'étais, m'exhorta de lui dire la vérité ; je le lui promis en lui demandant une audience particulière qui me fut accordée. Monsieur l'ambassadeur m'emmena dans son cabinet dont il ferma sur nous la porte ; et là, me jetant à ses pieds, je lui tins parole. Je n'aurais pas moins dit quand je n'aurais rien promis, car un continuel besoin d'épanchement met à tout moment mon cœur sur mes lèvres ; et, après m'être ouvert sans réserve au musicien Lutold, je n'avais garde de faire le mystérieux avec le marquis de Bonac. Il fut si content de ma petite histoire et de l'effusion de cœur avec laquelle il vit que je l'avais contée, qu'il me prit par la main, entra chez Madame l'ambassadrice, et me présenta à elle en lui faisant un abrégé de mon récit. Madame de Bonac m'accueillit avec bonté, et dit qu'il ne fallait pas me laisser aller avec ce moine grec. Il fut résolu que je resterais à l'hôtel en attendant qu'on vît ce qu'on pourrait faire de moi. Je voulus aller faire mes adieux à mon pauvre archimandrite, pour lequel j'avais conçu de l'attachement : on ne me le permit pas. On envoya lui signifier mes arrêts, et un quart d'heure après je vis arriver mon petit sac. M. de la Martinière, secrétaire d'ambassade, fut en quelque façon chargé de moi. En me conduisant dans la chambre qui m'était destinée, il me dit : Cette chambre a été occupée sous le comte du Luc par un homme célèbre du même nom que vous : il ne tient qu'à vous de le remplacer de toutes manières, et de faire dire un jour, Rousseau premier, (¹) Rousseau second.

« Ce que m'avait dit M. de la Martinière me donna de la curiosité. Je lus les ouvrages de celui dont j'occupais la chambre ; et sur le compliment qu'on m'avait fait, croyant avoir du goût pour la poésie, je fis pour mon coup d'essai une cantate à la louange de Madame de Bonac. Ce goût ne se soutint pas. J'ai fait de temps en temps de médiocres vers : c'est un exercice assez bon pour se rompre aux inversions élégantes, et apprendre à mieux écrire en prose ; mais je n'ai jamais trouvé dans la poésie française assez d'attraits pour m'y livrer tout à fait.

« Quand on me consulta sur ce que je voulais faire, je marquai beaucoup d'envie d'aller à Paris. Monsieur l'ambassadeur goûta cette idée, qui tendait au moins à le débarrasser de moi. M. de Merveilleux, secrétaire-interprète de l'ambassade, dit que son ami M. Godard, colonel suisse au service de France, cher-

---

(¹) Jean-Baptiste Rousseau avait été banni de France en 1712 par arrêt du Parlement, et avait trouvé un asile hospitalier chez le comte du Luc, ambassadeur français en Suisse, auquel il dédia une de ses odes.

chait quelqu'un pour mettre auprès de son neveu, qui entrait fort jeune au service, et pensa que je pourrais lui convenir. Sur cette idée assez légèrement prise, mon départ fut résolu ; et moi, qui voyais un voyage à faire et Paris au bout, j'en fus dans la joie de mon cœur. On me donna quelques lettres, cent francs pour mon voyage, accompagnés de force bonnes leçons, et je partis.

« Je mis à ce voyage une quinzaine de jours, que je peux compter parmi les heureux de ma vie. J'étais jeune, je me portais bien, j'avais assez d'argent, beaucoup d'espérance, je voyageais à pied, et je voyageais seul. On serait étonné de me voir compter un pareil avantage, si déjà l'on n'avait dû se familiariser avec mon humeur. Mes douces chimères me tenaient compagnie, et jamais la chaleur de mon imagination n'en enfanta de plus magnifiques. Quand on m'offrait quelque place vide dans une voiture, ou que quelqu'un m'accostait en route, je rechignais de voir renverser la fortune dont je bâtissais l'édifice en marchant. Cette fois mes idées étaient martiales. J'allais m'attacher à un militaire et devenir militaire moi-même ; car on avait arrangé que je commencerais par être cadet. Je croyais déjà me voir en habit d'officier avec un beau plumet blanc. Mon cœur s'enflait à cette noble idée. J'avais quelque teinture de géométrie et de fortifications ; j'avais un oncle ingénieur ; j'étais en quelque sorte enfant de la balle. Ma vue courte offrait un peu d'obstacle, mais qui ne m'embarrassait pas; et je comptais bien à force de sang-froid et d'intrépidité suppléer à ce défaut. J'avais lu que le maréchal Schomberg avait la vue très-courte; pourquoi le maréchal Rousseau ne l'aurait-il pas? Je m'échauffais tellement sur ces folies, que je ne voyais plus que troupes, remparts, gabions, batteries, et moi au milieu du feu et de la fumée, donnant tranquillement mes ordres, la lorgnette à la main. Cependant, quand je passais dans des campagnes agréables, que je voyais des bocages et des ruisseaux, ce touchant aspect me faisait soupirer de regret; je sentais au milieu de ma gloire que mon cœur n'était pas fait pour tant de fracas, et bientôt, sans savoir comment, je me retrouvais au milieu de mes chères bergeries. »

Le récit qu'on vient de lire peut être complété à quelques égards. On a vu que J.-J. Rousseau, pendant son séjour à Neuchâtel, faisait volontiers des excursions autour de la ville; dans la *Lettre à d'Alembert*, il a fait une peinture célèbre du Jura neuchâtelois, et de ces montagnes où l'horlogerie florissait déjà: c'est ici le lieu de donner ce morceau.

« Je me souviens d'avoir vu dans ma jeunesse, aux environs de Neuchâtel, un spectacle assez agréable et peut-être unique sur la terre, une montagne entière couverte d'habitations dont chacune fait le centre des terres qui en dépendent; en sorte que ces maisons, à distances aussi égales que les fortunes des propriétaires, offrent à la fois aux nombreux habitants de cette montagne le recueillement de la retraite et les douceurs de la société. Ces heureux paysans, tous à leur aise, francs de tailles, d'impôts, de subdélégués, de corvées, cultivent avec tout le soin possible des biens dont le produit est pour eux, et emploient le loisir que cette culture leur laisse, à faire mille ouvrages de leurs mains, et à mettre à profit le génie inventif que leur donna la nature. L'hiver surtout, temps où la hauteur des neiges leur ôte une communication facile, chacun, renfermé bien chaudement avec sa nombreuse famille, dans sa jolie et propre maison de bois, qu'il a bâtie lui-même, s'occupe de mille travaux amusants, qui chassent l'ennui de son asile, et ajoutent à son bien-être. Jamais menuisier, serrurier, vitrier, tourneur de profession, n'entra dans le pays; tous le sont pour eux-mêmes, aucun ne l'est pour autrui; dans la multitude de meubles commodes et même élégants qui composent leur ménage et parent leur logement, on n'en voit pas un qui n'ait été fait de la main du maître. Il leur reste encore du loisir pour inventer et faire mille instruments divers d'acier, de bois, de carton, qu'ils vendent aux étrangers, dont plusieurs même parviennent jusqu'à Paris, entre autres ces petites horloges de bois qu'on y voit depuis quelques années. Ils en font aussi de fer; ils font même des montres; et ce qui paraît incroyable, chacun réunit à lui seul toutes les professions diverses dans lesquelles se subdivise l'horlogerie, et fait tous ses outils lui-même.

« Ce n'est pas tout, ils ont des livres utiles et sont

passablement instruits; ils raisonnent sensément de toutes choses, et de plusieurs avec esprit. Ils font des siphons, des aimants, des lunettes, des pompes, des baromètres, des chambres noires; leurs tapisseries sont des multitudes d'instruments de toute espèce; vous prendriez le poêle d'un paysan pour un atelier de mécanique et pour un cabinet de physique expérimentale. Tous savent un peu dessiner, peindre, chiffrer; la plupart jouent de la flûte; plusieurs ont un peu de musique et chantent juste. Ces arts ne leur sont point enseignés par des maîtres, mais leur passent, pour ainsi dire, par tradition. De ceux que j'ai vu savoir la musique, l'un me disait l'avoir apprise de son père, un autre de sa tante, un autre de son cousin; quelques-uns croyaient l'avoir toujours sue. Un de leurs plus fréquents amusements est de chanter avec leurs femmes et leurs enfants les psaumes à quatre parties; et l'on est tout étonné d'entendre sortir de ces cabanes champêtres l'harmonie forte et mâle de Goudimel, depuis si longtemps oublié de nos savants artistes.

« Je ne pouvais non plus me lasser de parcourir ces charmantes demeures, que les habitants de m'y témoigner la plus franche hospitalité. Malheureusement j'étais jeune; ma curiosité n'était que celle d'un enfant, et je songeais plus à m'amuser qu'à m'instruire. Depuis trente ans, le peu d'observations que je fis se sont effacées de ma mémoire. Je me souviens seulement que j'admirais sans cesse, en ces hommes singuliers, un mélange étonnant de finesse et de simplicité, qu'on croirait presque incompatibles, et que je n'ai plus observé nulle part. »

A plus d'une reprise, dans la jeunesse de Rousseau, on le voit, au moment où il était casé quelque part, tout planter là pour obéir à son humeur changeante et aller chercher les aventures, en perdant le fruit d'un long travail. Son départ de Neuchâtel, entre autres, met dans un jour frappant ce trait de son caractère. Aussi est-il intéressant de contrôler le récit des *Confessions* par les *manuaux* des Conseils de Fribourg et de Berne, et par la correspondance de Jean-Jacques.

« *Manual du Conseil de Fribourg, lundi 16 avril 1731.* — Le révérend Père Athanasius Paulus, de l'ordre des saints Pierre et Paul de Jérusalem, prie de lui accorder de faire collecte, tant en la ville que sur le pays, pour le Saint-Sépulcre.

« Il sera honorablement entretenu et nourri dans l'hospice, avec son compagnon, — *ce compagnon, c'est Jean-Jacques* — à la table des religieux, pendant un mois. Son cheval sera logé ailleurs. Il aura une patente pour faire collecte pendant un mois, tant en la ville de Fribourg que sur le pays, et la chancellerie lui paiera huit mirlitons. »

« *Manual du Conseil de Fribourg, vendredi 20 avril 1731.* La patente pour faire collecte, accordée au Père Athanasius Paulus, lui sera retirée, et le présent qu'il doit recevoir sera réduit à deux mirlitons.

Sa dépense sera payée, et il devra quitter le pays. »

« *Manual du Conseil de Berne, mercredi 25 avril 1731.* — Le caissier paiera dix écus au Père Athanasius Paulus, un religieux grec qui fait une collecte pour le rachat d'esclaves chrétiens. »

Ces extraits de registres sont trop brefs ; on voudrait plus de détails, mais chaque mot y a sa valeur, et ils en disent assez pour nous édifier sur le compte du personnage avec qui Jean-Jacques avait jugé à propos d'aller courir le monde. De Neuchâtel, où il repassa, paraît-il, en allant de Soleure à Paris, il écrivit à son père une lettre qui montre bien quelle folie il y avait eu dans son équipée:

« Mon cher père, il faut vous l'avouer, je suis à Neuchâtel, dans une misère à laquelle mon imprudence a donné lieu. Comme je n'avais d'autre talent que la musique qui pût me tirer d'affaire, je crus que je ferais bien de le mettre en usage si je le pouvais ; et voyant bien que je n'en savais pas encore assez pour l'exercer dans des pays catholiques, je m'arrêtai à Lausanne, où j'ai enseigné pendant quelques mois ; d'où étant venu à Neuchâtel, je me vis dans peu de temps, par des gains assez considérables joints à une conduite fort réglée, en état d'acquitter quelques dettes que j'avais à Lausanne ; mais étant sorti d'ici inconsidérément, après une longue suite d'aventures que je me réserve l'honneur de vous détailler de bouche, si vous voulez bien le permettre, je suis revenu ; mais le chagrin que je puis dire sans vanité que mes écolières conçurent de mon départ a été bien payé à mon retour par les témoignages que j'en reçois qu'elles ne veulent plus recommencer ; de façon que, privé des secours nécessaires, j'ai contracté ici quelques dettes qui m'empêchent d'en sortir avec honneur, et qui m'obligent de recourir à vous. »

Cette lettre, non plus que les extraits de registres cités plus haut, ne cadre pas exactement avec le récit des *Confessions;* ce qui ne doit pas étonner, quand on pense au long temps écoulé entre l'époque où *J.-J. Vaussore de Villeneuve* donnait des leçons de musique à de jeunes Neuchâteloises, et celle où le misanthrope vieilli, à Wootton ou au château de Trye, rédigeait les souvenirs qu'il avait gardés de sa vie agitée.

Arrivé à Paris, Rousseau ne trouva pas à se caser. Il retourna en Savoie, et il y obtint une place d'employé au cadastre ; il la quitta pour redevenir maître à chanter ; puis une longue maladie lui fit abandonner ses leçons. L'héritage de sa mère, dont il entra en possession en 1737, lui permit de faire quelques études de littérature et de philosophie. Vers ce temps Rousseau aimait à faire de petits voyages : à Nyon, où demeurait son père, — il y serait allé avec plus de plaisir s'il n'y avait pas eu sa belle-mère, « bonne femme un peu mielleuse, » qui paraît avoir eu pour Jean-Jacques une antipathie que celui-ci lui rendait bien ; — à Genève ; il aimait toujours sa ville natale : « Jamais, dit-il, je n'ai vu les murs de cette heureuse ville, jamais je n'y suis entré, sans sentir une certaine défaillance de cœur qui venait d'un excès d'attendrissement. En même temps que la noble image de la liberté m'élevait l'âme, celles de l'égalité, de l'union, de la douceur des mœurs, me touchaient jusqu'aux larmes. »

En 1740, J.-J. Rousseau alla occuper à Lyon une place de précepteur dans la famille de M. de Mably ; il n'y réussit guère, et revint au bout d'une année en Savoie, d'où il repartit pour Paris, où il voulait soumettre à l'Académie des sciences un système nouveau de notation musicale, analogue à celui que M. Chevé, il y a vingt ans, a popularisé chez nous. Rousseau n'eut pas de succès. Il partit alors pour Venise, où on lui avait offert le poste de secrétaire de l'ambassadeur de France, M. de Montaigu. Il entra avec ardeur dans l'exercice de ses fonctions, et c'est là que germèrent les idées politiques qu'il développa plus tard dans le *Contrat social*.

Auprès de M. de Montaigu, seigneur de peu de tête, Rousseau sentait sa supériorité, et la fit trop sentir ; ses airs déplurent à l'ambassadeur, qui le renvoya (1744). Il revint en France par Côme et Domo d'Ossola. Il vit en passant les îles Borromées et traversa le Simplon. En lisant dans ce volume (pages 29-41) la description du Haut-Valais, on verra combien Rousseau était sensible aux beautés de la nature, dont il savait jouir au lendemain d'un grave échec, au milieu des plus sérieux soucis.

« J'avais traversé Nyon, raconte-t-il, sans voir mon père, non qu'il ne m'en coûtât extrêmement, mais je n'avais pu me résoudre à me montrer à ma belle-mère après mon désastre, certain qu'elle me jugerait sans vouloir m'écouter. Le libraire Duvillard, ancien ami de mon père, me reprocha vivement ce tort. Je lui en dis la cause; et pour le réparer sans m'exposer à voir ma belle-mère, je pris une chaise, et nous fûmes ensemble à Nyon descendre au cabaret. Duvillard s'en fut chercher mon pauvre père, qui vint tout courant m'embrasser. Nous soupâmes ensemble, et, après avoir passé une soirée bien douce à mon cœur, je retournai le lendemain matin à Genève avec Duvillard, pour qui j'ai toujours conservé de la reconnaissance du bien qu'il me fit en cette occasion. »

Malgré tous ses insuccès, Rousseau, qui travaillait toujours, commençait enfin à sentir la mesure de ses talents; mais il fallait vivre: « Je me trouvais, dit-il, sur le pavé de Paris, où l'on ne vit pas pour rien; » et tout ce qui s'offrit à lui fut une place de secrétaire chez M. de Francueil, à huit ou neuf cents francs par an. Il avait fait, à son retour de Venise, la connaissance d'une jeune ouvrière, Thérèse Le Vasseur, qui devint sa femme plus tard; il eut là quelques années d'une vie laborieuse, obscure, qui n'était cependant pas sans charme et sans gaîté.

Rousseau avait trente-huit ans quand il obtint son premier succès littéraire. L'Académie de Dijon couronna son *Discours* sur cette question: *Le rétablisse-*

ment des sciences et des arts a-t-il contribué à épurer les mœurs? et l'accueil que le public fit à ce *Discours* fut plus flatteur encore. Diderot s'était chargé de le faire imprimer; et comme Rousseau était malade à ce moment, il lui écrivit un billet pour lui en annoncer la publication et l'effet: « Il prend, lui marquait-il, tout par-dessus les nues; il n'y a pas d'exemple d'un succès pareil. »

Il a déjà été parlé du *Devin du Village*; la *Lettre sur la musique française* eut aussi un grand retentissement. Après bien des traverses, Rousseau arrivait enfin à la renommée. Les feux de l'aurore, a dit Vauvenargues, sont moins doux que les premiers regards de la gloire.

Jean-Jacques voulut alors revoir sa vieille Genève; il fit ce voyage dans l'été de 1754.

« Arrivé dans cette ville, dit-il, je me livrai à l'enthousiasme républicain qui m'y avait amené. Cet enthousiasme augmenta par l'accueil que j'y reçus. Fêté, caressé dans tous les états, je me livrai tout entier au zèle patriotique, et honteux d'être exclu de mes droits de citoyen par la profession d'un autre culte que celui de mes pères, je résolus de reprendre ouvertement ce dernier. Je me soumis même aux instructions du pasteur de la paroisse où je logeais, laquelle était hors de la ville. Je désirai seulement de n'être pas obligé de paraître en consistoire. L'édit ecclésiastique cependant y était formel: on voulut bien y déroger en ma faveur, et l'on nomma une commission de cinq ou six membres pour recevoir en particulier ma profession de foi. Malheureusement le ministre Perdriau, homme aimable et doux, avec qui j'étais lié, s'avisa de me dire qu'on se réjouissait de m'entendre parler dans cette petite assemblée. Cette attente m'effraya si fort, qu'ayant étudié jour et nuit pendant trois semaines un petit discours que j'avais préparé, je me troublai lorsqu'il fallut le réciter, au point de n'en pouvoir pas dire un seul mot; et je fis dans cette conférence le rôle du plus sot écolier. Les commissaires parlaient pour moi ; je répondais bêtement *oui* et *non* : ensuite je fus admis à la communion et réintégré dans mes droits de citoyen ; je fus inscrit comme tel dans le rôle des gardes que paient les seuls citoyens et bourgeois, et j'assistai à un conseil général extraordinaire, pour recevoir le serment du syndic Mussard. Je fus si touché des bontés que me témoignèrent en cette occasion le Conseil, le Consistoire, et des procédés obligeants et honnêtes de tous les magistrats, ministres et citoyens, que pressé par le bonhomme Deluc, qui m'obsédait sans cesse, et encore plus par mon propre penchant, je ne songeai à retourner à Paris que pour dissoudre mon ménage, mettre en règle mes petites affaires, et revenir m'établir à Genève pour le reste de mes jours.

« Cette résolution prise, je fis trêve aux affaires sérieuses pour m'amuser avec mes amis jusqu'au temps de mon départ. De tous ces amusements, celui qui me plut davantage fut une promenade autour du lac, que je fis en bateau avec Deluc père, sa bru, ses deux fils et ma Thérèse. Nous mîmes sept jours à cette tournée, par le plus beau temps du monde. (¹) J'en gardai le vif souvenir des sites qui m'avaient frappé à l'autre extrémité du lac, et dont je fis la description quelques années après dans la *Nouvelle Héloïse*.

« Les principales liaisons que je fis à Genève, outre les Deluc, dont j'ai parlé, furent le jeune ministre Vernes, que j'avais déjà connu à Paris; M. Perdriau, alors pasteur de campagne, aujourd'hui professeur de belles-lettres, dont la société pleine de douceur et d'aménité me sera toujours regrettable; M. Jalabert, alors professeur de physique, depuis conseiller et syndic, auquel je lus mon *Discours sur l'Inégalité*, mais non pas la dédicace, et qui en parut transporté; le professeur Lullin, avec lequel jusqu'à sa mort, je suis resté en correspondance, et qui m'avait même chargé d'emplettes de livres pour la Bibliothèque; le professeur Vernet, qui me tourna le dos, comme tout le monde, après que je lui eus donné des

---

(¹) Le livre de famille de G.-A. Deluc raconte ainsi ce petit voyage: « Le 22 septembre 1754, nous partîmes pour le tour du lac, mon père, mon frère, son épouse et moi, avec Mademoiselle Le Vasseur et notre concitoyen, M. Jean-Jacques Rousseau.

« Nous avons joui pendant notre navigation, qui a été de six jours, d'un temps parfait; à l'exception du souper, nous prenions ordinairement les autres repas sur le rivage; les soirs, nous couchions dans un des bourgs ou villages qui sont si agréablement situés le long des rives de ce beau bassin. Nous sondâmes sa profondeur à une portée de fusil de Meillerie, nous trouvâmes 150 brasses. »

preuves d'attachement et de confiance qui l'auraient dû toucher ; Marcet de Mézières, ancien ami de mon père, et qui s'était montré le mien. Mais celui de tous dont j'attendais davantage fut Moultou, jeune homme de la plus grande espérance par ses talents, par son esprit plein de feu.

« Au milieu de ces dispositions, je ne perdis ni le goût ni l'habitude de mes promenades solitaires, et j'en faisais souvent d'assez grandes sur les bords du lac, durant lesquelles ma tête, accoutumée au travail, ne demeurait pas oisive. »

Les années qui suivirent furent les plus fécondes de la carrière littéraire de Rousseau. Il publia successivement le *Discours sur l'origine et les fondements de l'inégalité parmi les hommes* (1755), dédié à la République de Genève ; *la Lettre à d'Alembert sur son article* Genève *dans le VIIe volume de l'Encyclopédie, et particulièrement sur le projet d'établir un théâtre de comédie en cette ville* (octobre 1758) ; *la Nouvelle Héloïse* (février 1761), *ou Lettres de deux amants, habitants d'une petite ville au pied des Alpes*; [1]

---

[1] «Pour placer mes personnages dans un séjour qui leur convint, je passai successivement en revue les plus beaux lieux que j'eusse vus dans mes voyages. Mais je ne trouvai point de bocage assez frais, point de paysage assez touchant à mon gré. Je songeai longtemps aux îles Borromées, dont l'aspect délicieux m'avait transporté ; mais j'y trouvai trop d'ornement et d'art pour mes personnages. Il me fallait cependant un lac, et je finis par choisir celui autour duquel mon cœur n'a jamais cessé d'errer. Je me fixai sur la partie des bords de ce lac à laquelle depuis longtemps mes vœux ont placé ma résidence, dans le bonheur imaginaire

Emile ou de l'Education; Du Contrat social ou Principes du droit politique: ces deux ouvrages parurent ensemble en mai 1762.

Jean-Jacques, dans ce temps, était en correspondance avec plusieurs ecclésiastiques genevois. Je détache quelques fragments des lettres qu'ils échangèrent :

J.-J. ROUSSEAU A VERNES.

« *Paris, 28 mars 1756.* — J'avais fait quelque chose que je vous destinais ; mais ce qui vous surprendra fort, c'est que cela s'est trouvé si gai et si fou, qu'il n'y a nul moyen de l'employer, et qu'il faut le réserver pour le lire le long de l'Arve avec son ami. Ma copie m'occupe tellement à Paris, qu'il m'est impossible de méditer ; il faut voir si le séjour de la campagne ne m'inspirera rien pendant les beaux jours. » (¹)

auquel le sort m'a borné. Le contraste des positions, la richesse et la variété des sites, la magnificence, la majesté de l'ensemble qui ravit les sens, émeut le cœur, élève l'âme, achevèrent de me déterminer, et j'établis à Vevey mes jeunes pupilles. »

(¹) Rousseau, qui avait abandonné sa place chez M. de Francueil, avait pris le métier de copiste de musique. Douze jours après cette lettre, il quittait Paris pour aller s'établir à l'Ermitage, petite maison de campagne qu'on lui avait offerte. « Une fois installé, je songeai, dit-il, à ranger mes paperasses et à régler mes occupations. Je destinai, comme j'avais toujours fait, mes matinées à la copie, et mes après-dînées à la promenade, muni de mon petit livret blanc et de mon crayon ; car n'ayant

« *A l'Ermitage, 4 avril 1757.* — Mon ami, j'espérais vous embrasser ce printemps, et je compte avec impatience les minutes qui s'écoulent jusqu'à ma retraite dans ma patrie ou du moins à son voisinage. »

« *Montmorency, 18 février 1758.* — Oui, je vous aime toujours, et plus que jamais: mais je suis accablé de mes maux; j'ai bien de la peine à vivre, dans ma retraite, d'un travail peu lucratif; je n'ai que le temps qu'il me faut pour gagner mon pain, et le peu qu'il m'en reste est employé pour souffrir et me reposer. Ma maladie a fait un tel progrès cet hiver, j'ai senti tant de douleurs de toute espèce, et je me trouve tellement affaibli, que je commence à craindre que la force et les moyens ne me manquent pour exécuter mon projet. Je me console de cette impuissance par la considération de l'état où je suis. Que me servirait d'aller mourir parmi vous? Hélas! il fallait y vivre. Qu'importe où l'on laisse son cadavre? Je n'aurais

jamais pu écrire et penser à mon aise que *sub dio*, je n'étais pas tenté de changer de méthode, et je comptais bien que la forêt de Montmorency, qui était presque à ma porte, serait désormais mon cabinet de travail. J'avais plusieurs écrits commencés; j'en fis la revue. J'étais assez magnifique en projets; mais, dans les tracas de la ville, l'exécution jusqu'alors avait marché lentement. J'y comptais mettre un peu plus de diligence quand j'aurais moins de distraction. Je crois avoir assez bien rempli cette attente: et pour un homme souvent malade, souvent obsédé chez lui de curieux désœuvrés, et toujours occupé la moitié de la journée à la copie, si l'on compte et mesure les écrits que j'ai faits dans les six ans que j'ai passés tant à l'Ermitage qu'à Montmorency, l'on trouvera, je m'assure, que si j'ai perdu mon temps durant cet intervalle, ce n'a pas été du moins dans l'oisiveté. »

pas besoin qu'on reportât mon cœur dans ma patrie : il n'en est jamais sorti. »

« *Montmorency, 25 mars 1758.* — J'étais un peu mieux, je retombe. Je compte pourtant un peu sur le retour du printemps, mais je n'espère plus recouvrer des forces suffisantes pour retourner dans la patrie. »

« *Montmorency, 6 janvier 1759.* — Je n'ai pas le loisir ordinaire aux gens de lettres. Je suis si près de mes pièces que si je veux dîner il faut que je le gagne ; si je me repose, il faut que je jeûne ; et je n'ai, pour le métier d'auteur, que mes courtes récréations. Les faibles honoraires que m'ont rapportés mes écrits m'ont laissé le loisir d'être malade, et de mettre un peu plus de graisse dans ma soupe ; mais tout cela est épuisé, et je suis plus près de mes pièces que je ne l'ai jamais été. »

« *Montmorency, 18 novembre 1759.* — Vous me demandez de la musique : eh Dieu ! cher Vernes, de quoi me parlez-vous ? Je ne connais plus d'autre musique que celle des rossignols, et les chouettes de la forêt m'ont dédommagé de l'Opéra de Paris. Revenu au seul goût des plaisirs de la nature, je méprise l'apprêt des amusements des villes. Redevenu presque enfant, je m'attendris en rappelant les vieilles chansons de Genève, je les chante d'une voix éteinte, et je finis par pleurer. »

J.-J. ROUSSEAU A JACOB VERNET.

« *Montmorency, 29 novembre 1760.* — J'aime le repos, la paix; la haine du tracas et des soins fait toute ma modération, et un tempérament paresseux m'a jusqu'ici tenu lieu de vertu. Moins enivré que suffoqué de je ne sais quelle petite fumée, j'en ai senti cruellement l'amertume sans en pouvoir contracter le goût; et j'aspire au retour de cette heureuse obscurité qui permet de jouir de soi. Voyant les gens de lettres s'entre-déchirer comme des loups, et sentant tout à fait éteints les restes de chaleur qui à près de quarante ans m'avaient mis la plume à la main, je l'ai posée avant cinquante pour ne la plus reprendre. Il me reste à publier une espèce de traité d'éducation, plein de mes rêveries accoutumées, et dernier fruit de mes promenades champêtres; après quoi, loin du public et livré tout entier à mes amis et moi, j'attendrai paisiblement la fin d'une carrière déjà trop longue, et dont il est indifférent pour tout le monde et pour moi en quel lieu les restes s'achèvent.

VERNES A J.-J. ROUSSEAU.

« *Céligny, 26 mai 1761.* — Je ne me rappelle pas si je vous ai appris, la dernière fois que je vous écrivis, que j'avais été élu pasteur de l'église de Céligny. J'y suis établi depuis deux mois; je ne sais si vous connaissez ce village. J'ose vous dire que c'est peut-être la plus belle situation qu'il y ait dans le monde, et je ne cesse de me dire : Ah! si mon cher concitoyen voulait venir respirer ce bon air, boire de cette bonne eau, jouir de cette belle vue, que j'aurais du plaisir à le voir, à l'embrasser, à m'entretenir avec lui! Oui, venez, mon cher Rousseau, vous aurez une jolie chambre, d'où vous verrez la nature dans tout son éclat, vous jouirez d'une entière liberté et vous serez auprès d'un ami. Comme je suis à trois lieues de Genève, vous n'aurez pas à craindre les importuns de la ville, et vous ne trouverez dans ma maison que la simplicité d'un village. »

J.-J. ROUSSEAU A VERNES.

« *Montmorency, 24 juin 1761.* — J'étais presque à l'extrémité, cher concitoyen, quand j'ai reçu votre lettre ; et maintenant que j'y réponds, je suis dans un état de souffrances continuelles. Ma plus grande consolation, dans l'état où je suis, est de recevoir des témoignages d'intérêt de mes compatriotes, et surtout de vous, cher Vernes, que j'ai toujours aimé. Le cœur me rit, et il me semble que je me ranime au projet d'aller partager avec vous cette retraite charmante qui me tente encore plus par son habitant que par elle-même. Oh! si Dieu raffermissait assez ma santé pour me mettre en état d'entreprendre ce voyage, je ne mourrais point sans vous embrasser encore une fois. »

J.-J. ROUSSEAU A ROUSTAN.

« *Montmorency, 23 décembre 1761.* — Vous avez du talent, et la gêne de votre situation vous a forcé d'accepter un emploi qui vous éloigne de la culture des lettres. Je ne regarde point cet éloignement comme un malheur pour vous. Mon cher Roustan, pesez bien ce que je vais vous dire. J'ai fait quelque essai de la gloire : tous mes écrits ont réussi ; pas un homme de lettres vivant, sans en excepter Voltaire, n'a eu des moments plus brillants que les miens, et cependant je vous proteste que depuis le moment que j'ai commencé de faire imprimer, ma vie n'a été que peine, angoisse et douleur de toute espèce. Je n'ai vécu tranquille, heureux, et n'ai eu de vrais amis que durant mon obscurité.

« Depuis lors il a fallu vivre de fumée, et tout ce qui pouvait plaire à mon cœur a fui sans retour. Mon enfant, fais-toi petit, disait à son fils cet ancien politique ; et moi je dis à mon disciple Roustan : Mon enfant, reste obscur ; profite du triste exemple de ton maître ! — Au surplus, soyez bon père, bon mari, bon régent, bon ministre, bon citoyen, homme simple en toute chose, et rien de plus, et je vous promets une vie heureuse. »

On le voit, Rousseau avait déjà l'âme lassée, l'esprit fatigué par un travail intellectuel écrasant ; la composition de ses grands ouvrages l'avait surmené. Les orages qui en suivirent la publication vinrent alors bouleverser son existence paisible.

L'homme qui avait écrit la *Profession de foi du vicaire savoyard* ne pouvait pas demeurer impuni en France, avant 89. Un arrêt du Parlement de Paris, rendu le 9 juin 1762, ordonna que l'*Emile* serait lacéré et brûlé par le bourreau, en la cour du Palais, et que le nommé J.-J. Rousseau serait pris et appréhendé au corps, et amené ès prisons de la Conciergerie.

Rousseau fut averti par ses amis, et s'enfuit le jour même. « Mon premier mouvement, dit-il, fut de me retirer à Genève. L'amour de la patrie me rappelait dans la mienne; et si j'avais pu me flatter d'y vivre en paix, je n'aurais pas balancé : mais l'honneur ni la raison ne me permettant pas de m'y réfugier comme un fugitif, je pris le parti de m'en rapprocher seulement, et d'aller attendre en Suisse celui qu'on prendrait à Genève à mon égard. Cette incertitude ne dura pas longtemps. »

En effet, peu de jours après, le 19 juin 1762, le Conseil de Genève, statuant sur les conclusions du procureur-général J.-R. Tronchin, et le rapport des seigneurs scholarques, condamna le *Contrat social* et l'*Emile* à être lacérés et brûlés par le bourreau devant la porte de l'Hôtel de ville, comme téméraires, scandaleux, impies, tendant à détruire la religion chrétienne et tous les gouvernements. Le Conseil ordonna en outre que J.-J. Rousseau, au cas qu'il vînt dans la ville ou dans les terres de la Seigneurie, devait être saisi et appréhendé. — Nous reprenons ici le récit des *Confessions* :

« En partant de Montmorency pour la Suisse, j'avais pris la résolution d'aller m'arrêter à Yverdon chez mon bon vieux ami M. Roguin, qui s'y était retiré depuis quelques années, et qui m'avait même invité à l'y aller voir.

« En entrant sur le territoire de Berne, je fis arrêter ; je descendis, je me prosternai, j'embrassai, je baisai la terre, et m'écriai dans mon transport : Ciel ! protecteur de la vertu, je te loue, je touche une terre de liberté ! Mon postillon surpris me crut fou ; je remontai dans ma chaise, et peu d'heures après j'eus la joie aussi pure que vive de me sentir pressé dans les bras du respectable Roguin.

« Je me trouvai si bien du séjour d'Yverdon, que je pris la résolution d'y rester, à la vive sollicitation de M. Roguin et de toute sa famille. M. de Moiry de Gingins, bailli de cette ville, m'encourageait aussi par ses bontés à rester dans son gouvernement. Le colonel me pressa si fort d'accepter l'habitation d'un petit pavillon qu'il avait dans sa maison, entre cour et jardin, que j'y consentis ; et aussitôt il s'empressa de le meubler et garnir de tout ce qui était nécessaire pour mon petit ménage. Le jour de mon emménagement était déjà marqué, et j'avais écrit à Thérèse de me venir joindre, quand tout à coup j'appris qu'il s'élevait à Berne un orage contre moi. Le sénat paraissait ne vouloir pas me laisser tranquille dans ma retraite. Au premier avis qu'eut M. le bailli de cette fermentation, il écrivit en ma faveur à plusieurs membres du gouvernement, leur reprochant leur aveugle intolérance, et leur faisant honte de vouloir refuser à un homme de mérite opprimé l'asile que tant de bandits trouvaient dans leurs Etats. Des gens sensés ont présumé que la chaleur de ses reproches avait plus aigri qu'adouci les esprits. Quoi qu'il en soit, son crédit ni son éloquence ne purent parer le coup. Prévenu de l'ordre qu'il devait me signifier, il m'en avertit d'avance ; et, pour ne pas attendre cet ordre, je résolus de partir dès le lendemain.

« Madame Boy de La Tour me proposa d'aller m'établir dans une maison vide, mais toute meublée, qui appartenait à son fils, au village de Motiers, dans le Val-de-Travers, comté de Neuchâtel. Il n'y avait qu'une montagne à traverser pour m'y rendre. Le colonel Roguin voulut absolument passer avec moi la montagne, et venir m'installer à Motiers. Une belle-sœur de madame Boy de La Tour me mit de bonne grâce en possession de mon logement, et je mangeai chez elle en attendant que Thérèse fût venue, et que mon petit ménage fût établi.

« En arrivant à Motiers, j'avais écrit à milord Keith, maréchal d'Ecosse, gouverneur de Neuchâtel, pour lui donner avis de ma retraite dans les Etats de Sa Majesté, et pour lui demander sa protection. Il me répondit avec la générosité qu'on lui connaît et que j'attendais de lui. Il m'invita à aller le voir. J'y fus avec M. Martinet, châtelain du Val-de-Travers, qui était en grande faveur auprès de Son Excellence. L'aspect vénérable de cet illustre et vertueux Ecossais m'émut puissamment le cœur.

« George Keith, maréchal héréditaire d'Ecosse, et frère du célèbre général Keith, qui vécut glorieusement et mourut au lit d'honneur, avait quitté son pays dans sa jeunesse. Il demeura longtemps en Espagne, dont le climat lui plaisait beaucoup, et finit par s'attacher, ainsi que son frère, au roi de Prusse, qui se connaissait en hommes, et les accueillit comme ils le méritaient. Le roi le chargea d'affaires importantes, l'envoya à Paris, en Espagne ; et enfin le voyant, déjà vieux, avoir besoin de repos, lui donna pour retraite le gouvernement de Neuchâtel.

« Mon premier mouvement, en voyant ce vénérable vieillard, fut de m'attendrir sur la maigreur de son corps, déjà décharné par les ans ; mais en levant les yeux sur sa physionomie animée, ouverte et noble, je me sentis saisi d'un respect mêlé de confiance, qui l'emporta sur tout autre sentiment. Au compliment très-court que je lui fis en l'abordant, il répondit en parlant d'autre chose, comme si j'eusse été là depuis huit jours. Il ne nous dit pas même de nous asseoir. L'empesé châtelain resta debout. Pour moi, je vis dans l'œil perçant et fin de milord je ne sais quoi de si caressant, que me sentant d'abord à mon aise, j'allai sans façon partager son sofa, et m'asseoir à côté de lui. Au ton familier qu'il prit à l'instant, je sentis que cette liberté lui faisait plaisir.

« Effet singulier de la grande convenance des caractères ! Dans un âge où le cœur a déjà perdu sa chaleur naturelle, celui de ce bon vieillard se réchauffa pour moi d'une façon qui surprit tout le monde. Il vint me voir à Motiers, sous prétexte de tirer des cailles, et y passa deux jours sans toucher un fusil. Il s'établit entre nous une telle amitié, car c'est le mot, que nous ne pouvions nous passer l'un de l'autre. Le château de Colombier, qu'il habitait l'été, était à six lieues de Motiers ; j'allais tous les quinze jours au plus tard y passer vingt-quatre heures, puis je revenais de même en pèlerin, le cœur toujours plein de lui. Que de larmes d'attendrissement j'ai souvent versées dans ma route, en pensant aux bontés paternelles, aux vertus aimables, à la douce philosophie de ce respectable vieillard ! Je l'appelais mon père, il m'appelait son enfant. Ces doux noms rendent en partie l'idée de l'attachement qui nous unissait, mais ils ne rendent pas encore celle du besoin que nous avions l'un de l'autre, et du désir continuel de nous rapprocher. Il voulait absolument me loger au château de Colombier, et me pressa longtemps d'y prendre à demeure l'appartement que j'occupais. Je lui dis enfin que j'étais plus libre chez moi, et que j'aimais mieux passer ma vie à le venir voir. Il approuva cette franchise, et ne m'en parla plus.

« Milord Maréchal n'est pas sans défaut : c'est un sage, mais c'est un homme. Il a l'humeur singulière, quelque chose de bizarre et d'étranger dans son tour d'esprit. Un jeune Genevois, désirant entrer au service du roi de Prusse, se présente à lui : milord lui donne, au lieu de lettre, un petit sachet plein de pois, qu'il le charge de remettre au roi. En recevant cette singulière recommandation, le roi place à l'instant celui qui la porte. Ces génies élevés ont entre eux un langage que les esprits vulgaires n'entendront jamais. Ces petites bizarreries, semblables aux caprices d'une jolie femme, ne me rendaient milord Maréchal que plus intéressant.

« Ayant quitté tout à fait la littérature, je ne songeai plus qu'à mener une vie tranquille et douce, autant qu'il dépendrait de moi. Seul je n'ai jamais connu l'ennui, même dans le plus parfait désœuvrement : mon imagination, remplissant tous les vides, suffit seule pour m'occuper. Il n'y a que le bavardage inactif de chambre, assis les uns vis-à-vis des autres à ne mouvoir que la langue, que jamais je n'ai pu supporter. Quand on marche, qu'on se promène, encore passe ; les pieds et les yeux font au moins quelque chose ; mais rester là, les bras croisés, à parler du temps qu'il fait et des mouches qui volent, ou qui pis est, à s'entre-faire des compliments, cela m'est un supplice insupportable. Je m'avisai, pour ne pas vivre en sauvage, d'apprendre à faire des lacets. Je portais mon coussin dans mes visites, ou j'allais comme les femmes travailler à ma porte et causer avec les passants. Cela me faisait supporter l'inanité du babillage, et passer mon temps sans ennui chez mes voisines, dont plusieurs étaient assez aimables, et ne manquaient pas d'esprit. Une, entre autres, appelée Isabelle d'Ivernois, fille du procureur-général de Neuchâtel, me parut assez estimable pour me lier avec elle d'une amitié particulière. Je lui dois des consolations très-douces, et surtout durant un bien triste hiver, où, dans le fort de mes maux et de mes peines, elle venait passer avec Thérèse et moi de longues soirées, qu'elle savait nous rendre bien courtes, par l'agrément de son esprit, et par les mutuels épanchements de nos cœurs. Elle m'appelait son papa, je l'appelais ma fille. »

Je ne veux pas suivre plus loin, dans les *Confessions*, le récit du séjour de trois ans que Rousseau fit à Motiers. Jean-Jacques ne s'appartenait plus : il était l'homme des grandes causes qu'il avait embrassées. Quand ses écrits remuaient l'Europe et partout passionnaient les âmes, comment sa vie n'eût-elle pas été troublée aussi ? Il était revenu dans ce pays de Neuchâtel qu'il avait quitté autrefois avec l'archimandrite ; mais qu'il était loin de ses jeunes années, de son adolescence étourdie, de l'insouciance de ses dix-huit ans ! Ardent pamphlétaire, athlète meurtri, il lutte, il frappe, il est frappé. On suit avec une sympathie cordiale ce glorieux combattant ; [1] mais dans

[1] C'est alors que Rousseau écrivit sa *Lettre à l'archevêque de Paris* et les *Lettres de la Montagne*.

ces guerres de plume, dans les tracasseries qui en sont la suite, je ne vois plus l'homme paisible et contemplatif que j'aime surtout chez Rousseau. Pour le retrouver, il faut l'accompagner dans ses courses de montagne, il faut le voir commencer à cinquante ans l'étude de la botanique, et retracer dans des pages charmantes l'attrait qu'elle eut pour lui ; il en a parlé à plus d'une reprise, soit au milieu des descriptions qu'il a faites de l'île de Saint-Pierre (voyez ci-après, pages LXXXIV et 111), soit dans un morceau que j'emprunte au dernier de ses écrits, les *Rêveries d'un promeneur solitaire:*

« Je ne cherche point à m'instruire, il est trop tard. Mais je cherche à me donner des amusements doux et simples que je puisse goûter sans peine, et qui me distraient de mes malheurs. Je n'ai ni dépense à faire, ni peine à prendre pour errer nonchalamment d'herbe en herbe, de plante en plante, pour les examiner, pour comparer leurs divers caractères, pour marquer leurs rapports et leurs différences, enfin pour observer l'organisation végétale de manière à suivre la marche et le jeu de ces machines vivantes, à chercher quelquefois avec succès leurs lois générales, la raison et la fin de leurs structures diverses, et à me livrer aux charmes de l'admiration reconnaissante pour la main qui me fait jouir de tout cela.

« Les plantes semblent avoir été semées avec profusion sur la terre, comme les étoiles dans le ciel, pour inviter l'homme, par l'attrait du plaisir et de la curiosité, à l'étude de la nature: mais les astres sont placés loin de nous; il faut des connaissances préliminaires, des instruments, des machines, de bien longues échelles pour les atteindre et les rapprocher à notre portée. Les plantes y sont naturellement; elles naissent sous nos pieds et dans nos mains pour ainsi dire, et si la petitesse de leurs parties essentielles les dérobe quelquefois à la simple vue, les instruments qui les y rendent sont d'un beaucoup plus facile usage que ceux de l'astronomie. La botanique est l'étude d'un oisif et paresseux solitaire: une pointe et une loupe sont tout l'appareil dont il a besoin pour les observer. Il se promène, il erre librement d'un objet à l'autre, il fait la revue de chaque fleur avec intérêt et curiosité; et sitôt qu'il commence à saisir les lois de leur structure, il goûte à les observer un plaisir sans peine, aussi vif que s'il lui en coûtait beaucoup. Il y a dans cette oiseuse occupation un charme qu'on ne sent que dans le plein calme des passions, mais qui suffit seul alors pour rendre la vie heureuse et douce.

« Je me rappellerai toute ma vie une herborisation que je fis un jour du côté de la Robeila, montagne du justicier Clerc. J'étais seul, je m'enfonçai dans les anfractuosités de la montagne; et de bois en bois, de roche en roche, je parvins à un réduit si caché, que je n'ai vu de ma vie un aspect plus sauvage. De noirs sapins entremêlés de hêtres prodigieux, dont plusieurs tombés de vieillesse et entrelacés les uns dans les autres, fermaient ce réduit de barrières impénétrables ; quelques intervalles que laissait cette sombre enceinte n'offraient au delà que des roches coupées à pic, et d'horribles précipices que je n'osais regarder qu'en me couchant sur le ventre. Le duc, la chevêche et l'orfraie faisaient entendre leurs cris dans les fentes de la montagne ; quelques petits oiseaux rares, mais familiers, tempéraient cependant l'horreur de cette solitude ; là, je trouvai la dentaire *heptaphyllos,* le *cyclamen,* le *nidus avis,* le grand *laserpitium,* et quelques autres plantes qui me charmèrent et m'amusèrent longtemps ; mais, insensiblement dominé par la forte impression des objets, j'oubliai la botanique et les plantes, je m'assis sur des oreillers de *lycopodium* et de mousses, et je me mis à rêver plus à mon aise, en pensant que j'étais là dans un refuge ignoré de tout l'univers, où les persécuteurs ne me déterreraient pas. Un mouvement d'orgueil se mêla bientôt à cette rêverie. Je me comparais à ces grands voyageurs qui découvrent une île déserte, et je me disais avec complaisance : Sans doute je suis le premier mortel qui ait pénétré jusqu'ici. Je me regardais presque comme un autre Colomb. Tandis que je me pavanais dans cette idée, j'entendis peu loin de moi un certain cliquetis que je crus reconnaître ; j'écoute : le même bruit se répète et se multiplie. Surpris et curieux, je me lève, je perce à travers un fourré de broussailles du côté d'où venait le bruit, et dans une combe, à vingt pas du lieu même où je croyais être parvenu le premier, j'aperçois une manufacture de bas.

« Qui jamais eût dû s'attendre à trouver une manufacture dans un précipice ! Il n'y a que la Suisse au monde qui présente ce mélange de la nature sauvage et de l'industrie humaine. La Suisse entière n'est, pour ainsi dire, qu'une grande ville, dont les rues, larges et longues plus que celles de Saint-Antoine, sont semées de forêts, coupées de montagnes, et dont les maisons éparses et isolées ne communiquent entre elles que par des jardins anglais.

« Toutes mes courses de botanique, les diverses impressions du local des objets qui m'ont frappé, les idées qu'il m'a fait naître, les incidents qui s'y sont mêlés, tout cela m'a laissé des impressions qui se renouvellent par l'aspect des plantes herborisées dans ces mêmes lieux. Je ne reverrai plus ces beaux paysages, ces forêts, ces lacs, ces bosquets, ces rochers, ces montagnes, dont l'aspect a toujours touché mon cœur : mais maintenant que je ne peux plus courir ces heureuses contrées, je n'ai qu'à ouvrir mon herbier, et bientôt il m'y transporte. Les fragments des plantes que j'y ai cueillies suffisent pour me rappeler tout ce magnifique spectacle. Cet herbier est pour moi un journal d'herborisations, qui me les fait recommencer avec un nouveau charme.

« C'est la chaîne des idées accessoires qui m'attache à la botanique. Elle rassemble et rappelle à mon imagination toutes les idées qui la flattent davantage ;

les prés, les eaux, les bois, la solitude, la paix surtout, et le repos qu'on trouve au milieu de tout cela, sont retracés par elle incessamment à ma mémoire. Elle me transporte dans des habitations paisibles, au milieu de gens simples et bons, tels que ceux avec qui j'ai vécu jadis. Elle me rappelle et mon jeune âge et mes innocents plaisirs; elle m'en fait jouir derechef, et me rend heureux bien souvent. »

Ce que Rousseau aimait dans ses longues promenades à travers les bois du Jura, c'est qu'il y perdait de vue ses ennemis, leurs intrigues, les combats qu'il lui fallait soutenir et dont la seule idée le décourageait: car si son talent grandissait dans la lutte, son caractère ne la pouvait pas supporter. Il avait offensé des idées puissantes; l'orage grondait sans cesse autour de lui. Chassé de France, de Genève, du canton de Berne, il était venu chercher un asile dans les Etats du grand Frédéric. Certaines gens auraient voulu le voir bien loin; mais comment demander au roi philosophe de punir un esprit moins libre que le sien? On ne pouvait rien obtenir d'en haut; ce fut d'en bas que partit le coup. Une foule ignorante s'ameuta contre un grand homme, et réussit à lui faire quitter notre pays. Nous reprenons le récit des *Confessions:*

« La nuit de la foire de Motiers, qui est au commencement de septembre, je fus attaqué dans ma demeure. A minuit, j'entendis un grand bruit dans la galerie qui régnait sur le derrière de la maison. Une

grêle de cailloux, lancés contre la fenêtre et la porte
qui donnaient sur cette galerie, y tombèrent avec tant
de fracas, que mon chien, qui couchait dans la galerie, et qui avait commencé par aboyer, se tut de
frayeur, et se sauva dans un recoin, rongeant et grat-
tant les planches pour tâcher de fuir. Je me lève au
bruit; j'allais sortir de ma chambre pour passer dans
la cuisine, quand un caillou lancé d'une main vigou-
reuse traversa la cuisine après en avoir cassé la fenêtre, vint ouvrir la porte de ma chambre et tomber au
pied de mon lit; de sorte que, si je m'étais pressé
d'une seconde, j'avais le caillou dans l'estomac. Je
jugeai que le bruit avait été fait pour m'attirer, et le
caillou lancé pour m'accueillir à ma sortie. Je saute
dans la cuisine. J'y trouve Thérèse, qui s'était aussi
levée, et qui toute tremblante accourait à moi. Nous
nous rangeons contre un mur, hors de la direction de
la fenêtre pour éviter l'atteinte des pierres et délibérer sur ce que nous avions à faire: car sortir pour appeler du secours était le moyen de nous faire assom-
mer. Heureusement la servante d'un vieux bonhomme
qui logeait au-dessous de moi se leva au bruit, et
courut appeler M. le châtelain, dont nous étions
porte à porte. Il saute de son lit, prend sa robe de
chambre à la hâte, et vient à l'instant avec la garde,
qui, à cause de la foire, faisait la ronde cette nuit-là,
et se trouva tout à portée. Le châtelain vit le dégât
avec un tel effroi, qu'il en pâlit; et à la vue des cailloux dont la galerie était pleine, il s'écria: Mon

Dieu! c'est une carrière! En visitant le bas, on trouva que la porte d'une petite cour avait été forcée, et qu'on avait tenté de pénétrer dans la maison par la galerie. En recherchant pourquoi la garde n'avait point aperçu ou empêché le désordre, il se trouva que ceux de Motiers s'étaient obstinés à vouloir faire cette garde hors de leur rang, quoique ce fût le tour d'un autre village.

« Le lendemain le châtelain envoya son rapport au Conseil d'Etat, qui deux jours après lui envoya l'ordre d'informer sur cette affaire, de promettre une récompense et le secret à ceux qui dénonceraient les coupables, et de mettre en attendant, aux frais du prince, des gardes à ma maison et à celle du châtelain qui la touchait. Le lendemain le colonel Pury, le procureur-général Meuron, le châtelain Martinet, le receveur Guyenet, le trésorier d'Ivernois et son père, en un mot, tout ce qu'il y avait de gens distingués dans le pays, vinrent me voir, et réunirent leurs sollicitations pour m'engager à céder à l'orage, et à sortir au moins pour un temps d'une paroisse où je ne pouvais plus vivre en sûreté ni avec honneur. Je m'aperçus même que le châtelain, effrayé des fureurs de ce peuple forcené, et craignant qu'elles ne s'étendissent jusqu'à lui, aurait été bien aise de m'en voir partir au plus vite, pour n'avoir plus l'embarras de m'y protéger. Je cédai donc; mais j'avais un tel attachement pour la Suisse, que je ne pouvais me résoudre à la quitter tant qu'il me serait possible d'y vivre.

et je pris ce temps pour exécuter un projet dont j'étais occupé depuis quelques mois.

« Ce projet consistait à m'aller établir dans l'île de Saint-Pierre, domaine de l'hôpital de Berne, au milieu du lac de Bienne. Dans un pèlerinage pédestre que j'avais fait l'été précédent avec du Peyrou, nous avions visité cette île, et j'en avais été tellement enchanté que je n'avais cessé depuis ce temps-là de songer aux moyens d'y faire ma demeure. Le plus grand obstacle était que l'île appartenait aux Bernois, qui trois ans auparavant m'avaient vilainement chassé de chez eux ; et, outre que ma fierté pâtissait à retourner chez des gens qui m'avaient si mal reçu, j'avais lieu de craindre qu'ils ne me laissassent pas plus en repos dans cette île qu'ils n'avaient fait à Yverdon. J'avais consulté là-dessus milord Maréchal, qui avait fait sonder leurs dispositions par un M. Sturler, son ancien voisin de Colombier. M. Sturler s'adressa à des chefs de l'Etat, et sur leur réponse, assura milord Maréchal que les Bernois ne demandaient pas mieux que de me voir domicilié dans l'île de Saint-Pierre, et de m'y laisser tranquille.

« Tel était l'asile que je m'étais ménagé, et où je résolus d'aller m'établir en quittant le Val-de-Travers. Ce choix était si conforme à mon goût pacifique, à mon humeur solitaire et paresseuse, que je le compte parmi les douces rêveries dont je me suis le plus vivement passionné. Il me semblait que, dans cette île, je serais plus séparé des hommes, plus à l'abri de leurs outrages, plus oublié d'eux, plus livré, en un mot, aux douceurs du désœuvrement et de la vie contemplative. J'aurais voulu être tellement confiné dans cette île, que je n'eusse plus de commerce avec les mortels. Je prenais donc en quelque sorte congé de mon siècle et de mes contemporains, et je faisais mes adieux au monde en me confinant dans cette île pour le reste de mes jours : car telle était ma résolution, et c'était là que je comptais exécuter enfin le grand projet de cette vie oiseuse, auquel j'avais inutilement consacré jusqu'alors tout le peu d'activité que le ciel m'avait départie. Cette île allait devenir pour moi celle de Papimanie, ce bienheureux pays où l'on dort :

<blockquote>On y fait plus, on n'y fait nulle chose.</blockquote>

« Ce *plus* était tout pour moi, car j'ai toujours peu regretté le sommeil ; l'oisiveté me suffit ; et pourvu que je ne fasse rien, j'aime encore mieux rêver éveillé qu'en songe. L'âge des projets romanesques étant passé, et la fumée de la gloriole m'ayant plus étourdi que flatté, il ne me restait pour dernière espérance que celle de vivre sans gêne dans un loisir éternel. C'est la vie des bienheureux dans l'autre monde, et j'en faisais désormais mon bonheur suprême dans celui-ci.

« Ceux qui me reprochent tant de contradictions ne manqueront pas ici de m'en reprocher encore une, j'ai dit que l'oisiveté des cercles me les rendait insupportables, et me voilà recherchant la solitude uniquement pour m'y livrer à l'oisiveté. C'est pourtant ainsi que je suis ; s'il y a là de la contradiction, elle est du fait de la nature et non pas du mien ; mais il y en a si peu, que c'est par là précisément que je suis toujours moi. L'oisiveté des cercles est tuante, parce qu'elle est de nécessité ; celle de la solitude est charmante, parce qu'elle est libre et de volonté. Dans une compagnie, il m'est cruel de ne rien faire, parce que j'y suis forcé. Il faut que je reste là cloué sur une chaise ou debout, planté comme un piquet, sans remuer ni pied ni patte, n'osant ni courir, ni sauter, ni chanter, ni crier, ni gesticuler quand j'en ai envie, n'osant pas même rêver, ayant à la fois tout l'ennui de l'oisiveté et tout le tourment de la contrainte ; obligé d'être attentif à toutes les sottises qui se disent, et à tous les compliments qui se font, et de fatiguer incessamment ma Minerve, pour ne pas manquer de placer à mon tour mon rébus et mon mensonge. Et vous appelez cela de l'oisiveté ! C'est un travail de forçat.

« L'oisiveté que j'aime n'est pas celle d'un fainéant qui reste là les bras croisés dans une inaction totale, et ne pense pas plus qu'il n'agit. C'est à la fois celle d'un enfant qui est sans cesse en mouvement pour ne rien faire, et celle d'un radoteur qui bat la campagne, tandis que ses bras sont en repos. J'aime à m'occuper à faire des riens, à commencer cent choses et n'en achever aucune, à aller et venir comme la tête me chante, à changer à chaque instant de projet, à suivre une mouche dans toutes ses allures, à vouloir déraciner un rocher pour voir ce qui est dessous, à entreprendre avec ardeur un travail de dix ans, et à l'abandonner sans regrets au bout de dix minutes, à muser enfin toute la journée sans ordre et sans suite, et à ne suivre en toute chose que le caprice du moment.

« La botanique, telle que je l'ai toujours considérée, et telle qu'elle commençait à devenir passion pour moi, était précisément une étude oiseuse, propre à remplir tout le vide de mes loisirs, sans y laisser place au délire de l'imagination, ni à l'ennui d'un désœuvrement total. Errer nonchalamment dans les bois et dans la campagne, prendre machinalement çà et là, tantôt une fleur, tantôt un rameau, brouter mon foin presque au hasard, observer mille et mille fois les mêmes choses, et toujours avec le même intérêt, parce que je les oubliais toujours, était de quoi passer l'éternité sans pouvoir m'ennuyer un moment. Quelque élégante, quelque admirable, quelque diverse que soit la structure des végétaux, elle ne frappe pas assez un œil ignorant pour l'intéresser. Cette constante analogie, et pourtant cette variété prodigieuse qui règne dans leur organisation, ne transporte que ceux qui ont déjà quelque idée du système végétal. Les autres n'ont, à l'aspect de tous ces trésors de la nature, qu'une admiration stupide et monotone. Ils ne voient rien en détail, parce qu'ils ne savent pas même ce qu'il faut regarder; et ils ne voient pas non plus l'ensemble, parce qu'ils n'ont aucune idée de cette chaîne de rapports et de combinaisons qui accable de ses merveilles l'esprit de l'observateur. J'étais, et mon défaut de mémoire me devait tenir toujours dans cet heureux point d'en savoir assez peu pour que tout me fût nouveau, et assez pour que tout me fût sensible. Les divers sols dans lesquels l'île, quoique petite, était partagée, m'offraient une suffisante variété de plantes pour l'étude et pour l'amusement de toute ma vie.

« Je fis venir Thérèse avec mes livres et mes effets. Nous nous mîmes en pension chez le receveur de l'île. Sa femme avait à Nidau ses sœurs, qui la venaient voir tour à tour, et qui faisaient à Thérèse une compagnie. Je fis là l'essai d'une douce vie dans laquelle j'aurais voulu passer la mienne, et dont le goût que j'y pris ne servit qu'à me faire mieux sentir l'amertume de celle qui devait si promptement y succéder.

« J'ai toujours aimé l'eau passionnément, et sa vue me jette dans une rêverie délicieuse, quoique souvent sans objet déterminé. Je ne manquais point à mon lever, lorsqu'il faisait beau, de courir sur la terrasse humer l'air salubre et frais du matin, et planer des yeux sur l'horizon de ce beau lac, dont les rives et les montagnes qui le bordent enchantaient ma vue. Je ne trouve point de plus digne hommage à la Divinité que cette admiration muette qu'excite la contemplation de ses œuvres, et qui ne s'exprime point par des actes développés. Je comprends comment les habitants des villes, qui ne voient que des murs, des rues, et des crimes, ont peu de foi; mais je ne puis comprendre comment des campagnards, et surtout des solitaires, peuvent n'en point avoir. Comment leur âme ne s'élève-t-elle pas cent fois le jour avec extase à l'auteur des merveilles qui les frappent? Pour moi, c'est surtout à mon lever, affaissé par mes insomnies, qu'une longue habitude me porte à ces élévations de cœur qui n'imposent point la fatigue de penser. Mais il faut pour cela que mes yeux soient frappés du ravissant spectacle de la nature. Dans ma chambre, je prie plus rarement et plus sèchement : mais à l'aspect d'un beau paysage, je me sens ému sans pouvoir dire de quoi. J'ai lu qu'un sage évêque, dans la visite de son diocèse, trouva une vieille femme qui, pour toute prière, ne savait dire que O! Il lui dit : Bonne mère, continuez de prier toujours ainsi; votre prière vaut mieux que les nôtres. Cette meilleure prière est aussi la mienne.

« Après le déjeuner, je me hâtais d'écrire en rechignant quelques malheureuses lettres, aspirant avec ardeur à l'heureux moment de n'en plus écrire du tout. Je tracassais quelques instants autour de mes livres et papiers, pour les déballer et arranger, plutôt que pour les lire; et cet arrangement, qui devenait pour moi l'œuvre de Pénélope, me donnait le plaisir de muser quelques moments; après quoi je m'en ennuyais et le quittais pour passer les trois ou quatre heures qui me restaient de la matinée à l'étude de la botanique.

« Pour les après-dînées, je les livrais totalement à mon humeur oiseuse et nonchalante, et à suivre sans règle l'impulsion du moment. Souvent, quand l'air était calme, j'allais immédiatement en sortant de table me jeter seul dans un petit bateau, que le receveur m'avait appris à mener avec une seule rame; je m'avançais en pleine eau. Le moment où je dérivais me donnait une joie qui allait jusqu'au tressaillement, et dont il m'est impossible de dire ni de bien comprendre la cause, si ce n'était peut-être une félicitation secrète d'être en cet état hors de l'atteinte des méchants. J'errais ensuite seul dans ce lac, approchant quelquefois du rivage, mais n'y abordant jamais. Souvent laissant aller mon bateau à la merci de l'air et de l'eau, je me livrais à des rêveries sans objet, et qui, pour être stupides, n'en étaient pas moins douces. Je m'écriais parfois avec attendrissement: O nature! ô ma mère! me voici sous ta seule garde; il n'y a point ici d'homme adroit et fourbe qui s'interpose entre toi et moi. Je m'éloignais ainsi jusqu'à demi-lieue de terre; j'aurais voulu que ce lac eût été l'Océan. Cependant, pour complaire à mon pauvre chien, qui n'aimait pas autant que moi de si longues stations sur l'eau, je suivais d'ordinaire un but de promenade; c'était d'aller débarquer à la petite île, de m'y promener une heure ou deux, ou de m'étendre au sommet du tertre sur le gazon pour m'assouvir du plaisir d'admirer ce lac et ses environs, pour examiner et disséquer toutes les herbes qui se trouvaient à ma portée, et pour me bâtir, comme un autre Robinson, une demeure imaginaire dans cette petite île.

« A ces amusements, j'en joignais un auquel la saison m'invitait particulièrement. C'était un détail de soins rustiques pour la récolte des légumes et des fruits, et que nous nous faisions un plaisir, Thérèse et moi, de partager avec la receveuse et sa famille. Je me souviens qu'un Bernois, m'étant venu voir, me trouva perché sur un grand arbre, un sac attaché autour de ma ceinture, et déjà si plein de pommes, que je ne pouvais plus me remuer. Je ne fus pas fâché de cette rencontre et de quelques autres pareilles. J'espérais que les Bernois, témoins de l'emploi de mes loisirs, ne songeraient plus à en troubler la tranquillité et me laisseraient en paix dans ma solitude.

« Je pris tant de goût à l'île de Saint-Pierre, et son séjour me convenait si fort, qu'à force d'inscrire tous mes désirs dans cette île, je formai celui de n'en point sortir. Les visites que j'avais à rendre au voisinage, les courses qu'il me faudrait faire à Neuchâtel, à Bienne, à Yverdon, à Nidau, fatiguaient déjà mon imagination. Un jour à passer hors de l'île me paraissait retranché de mon bonheur ; et sortir de l'enceinte de ce lac était pour moi sortir de mon élément. D'ailleurs l'expérience du passé m'avait rendu craintif. Il suffisait que quelque bien flattât mon cœur pour que je dusse m'attendre à le perdre ; et l'ardent désir de finir mes jours dans cette île était inséparable de la crainte d'être forcé d'en sortir.

« J'avais pris l'habitude d'aller les soirs m'asseoir sur la grève, surtout quand le lac était agité. Je sentais un plaisir singulier à voir les flots se briser à mes pieds. Je m'en faisais l'image du tumulte du monde, et de la paix de mon habitation ; et je m'attendrissais quelquefois à cette douce idée, jusqu'à sentir des larmes couler de mes yeux. Ce repos, dont je jouissais avec passion, n'était troublé que par l'inquiétude de le perdre ; mais cette inquiétude allait au point d'en altérer la douceur. Je sentais ma situation si précaire, que je n'osais y compter.

« Cette crainte ne demeura pas longtemps vaine. Au moment où je m'y attendais le moins, je reçus une lettre de M. le bailli de Nidau, dans le gouvernement duquel était l'île de Saint-Pierre : par cette lettre il m'intimait de la part de leurs Excellences l'ordre de sortir de l'île et de leurs Etats.

« Où aller ? Que devenir à l'entrée de l'hiver, sans but, sans préparatifs, sans conducteur, sans voiture ? A moins de laisser tout à l'abandon, mes papiers, mes effets, toutes mes affaires, il me fallait du temps pour y pourvoir, et il n'était pas dit dans l'ordre si on m'en laissait ou non. La continuité des malheurs commençait d'affaisser mon courage. Pour la première fois je sentis ma fierté naturelle fléchir sous le joug de la nécessité, et malgré les murmures de mon cœur, il fallut m'abaisser à demander un délai. La réponse de Berne (octobre 1765) fut un ordre conçu dans les termes les plus formels et les plus durs de sortir de l'île et de tout le territoire de la république, dans l'espace de vingt-quatre heures, et de n'y rentrer jamais, sous les plus grièves peines. »

Jean-Jacques obéit ; il quitta pour toujours notre pays romand (¹) qu'il avait tant aimé, et qui fut peu hospitalier pour lui. Nous ne le suivrons pas dans sa vie errante, en Angleterre, au château de Trye, en Dauphiné. C'est alors qu'il écrivit les *Confessions*. Il revint en 1770 se fixer à Paris. Cette ville, dont il avait dit tant de mal, possède un charme : combien d'hommes l'ont senti ! Rousseau y passa les années de sa vieillesse.

(¹) La seigneurie de Berne avait donné le nom de *Pays Romand* au territoire qu'elle avait conquis en 1536 sur la Savoie. Le nom était encore en usage au temps de Voltaire, comme on le voit dans une lettre qu'il écrivit de Lausanne, à sa nièce, le 6 mars 1757 : « Il y a dans mon petit pays romand, car c'est son nom, beaucoup d'esprit, beaucoup de raison, point de cabales, point d'intrigues. Nous sommes libres, et nous n'abusons point de notre liberté. Notre climat vaut mieux que le vôtre ; nous avons plus longtemps de beaux jours ; il n'y a que de très-méchant vin autour de Paris, et nos coteaux en produisent d'excellent ; nous avons mangé, l'automne et l'hiver, des gelinottes et des grianneaux que vous ne connaissez guère. »

Dans une lettre datée des Délices, et adressée à Sénac de Meilhan, Voltaire, établi aux portes de Genève, dit encore qu'il habite le *pays romand*. Il prenait donc ces mots dans le sens large qu'on leur a donné au titre du présent volume, en étendant ce nom sur toutes les contrées de langue française qui sont à l'orient du Jura.

Il était devenu misanthrope ; il se brouillait successivement avec tous ses amis ; mais le flot de l'admiration publique lui en amenait sans cesse de nouveaux. Un jour, ô jour heureux ! Bernardin de Saint-Pierre, inconnu encore, (¹) entra dans le petit appartement de Jean-Jacques ; deux âmes parentes se reconnurent et s'aimèrent. Bernardin, qui resta lié jusqu'à la fin avec le vieux maître, a raconté ses souvenirs dans des pages charmantes que j'ai recueillies à la fin de ce volume ; on me permettra de donner ici un morceau qui n'a pas pu trouver place avec les autres :

« Nous allions assez souvent nous promener pendant l'été aux environs de Paris. Sa société me plaisait beaucoup. Rousseau n'avait pas la vanité de la plupart des gens de lettres, qui veulent toujours occuper les autres de leurs idées ; et encore moins celle des gens du monde, qui croient qu'un homme de lettres est fait pour les tirer de leur ennui par son babil. Il partageait les bénéfices et les charges de la conversation, parlant et laissant parler chacun à son tour. Il laissait même aux autres le choix de l'entretien, se réglant à leur mesure avec si peu de prétention, que parmi ceux qui ne le connaissaient pas, les gens simples le prenaient pour un homme ordinaire, et les gens du bon ton le regardaient comme bien inférieur à eux ;

(¹) Bernardin de Saint-Pierre avait alors trente-cinq ans. On sait que les *Etudes de la nature* parurent en 1784, et *Paul et Virginie* en 1788.

car avec ceux-ci il parlait peu, et de peu de choses. (¹)
Entre plusieurs traits que je pourrais citer, en voici
un qui convaincra le lecteur de sa modestie habituelle :

« Le jour même que nous fûmes dîner chez les
ermites du mont Valérien (voyez ci-après, page 146),
en revenant l'après-midi à Paris, nous fûmes surpris
de la pluie près du bois de Boulogne, vis-à-vis la
porte Maillot. Nous y entrâmes pour nous mettre à
l'abri sous des marronniers qui commençaient à avoir
des feuilles ; car c'était dans les fêtes de Pâques. Nous
trouvâmes sous ces arbres beaucoup de monde qui,
comme nous, y cherchait du couvert. Un des garçons
du Suisse ayant aperçu Jean-Jacques s'en vint à lui
plein de joie, et lui dit : Eh bien ! bon homme, d'où
venez-vous donc ? Il y a un temps infini que nous ne
vous avons vu. Rousseau lui répondit tranquillement :
C'est que ma femme a été longtemps malade, et moi-
même j'ai été incommodé. — Oh ! mon pauvre bon
homme, reprit le garçon, vous n'êtes pas bien ici ;
venez, venez ; je vais vous trouver une place dans la
maison. En effet, il s'empressa de nous mener dans
une chambre haute, où malgré la foule, il nous pro-
cura des chaises, une table, du pain et du vin. Pendant qu'il nous y conduisait, je dis à Jean-Jacques :
Ce garçon me paraît bien familier avec vous ; il ne

(¹) « Je lui racontais un jour qu'une demoiselle m'avait dit
qu'elle serait volontiers sa servante : « Oui, reprit-il, afin que je
« lui fisse pendant six ou sept heures des discours d'*Emile*. »

vous connaît donc point? — Oh! si, me répondit-il, nous nous connaissons depuis plusieurs années. Nous venions de temps en temps ici, dans la belle saison, ma femme et moi, manger le soir une côtelette.

« Ce mot de *bonhomme*, dit de si bonne foi par ce garçon d'auberge, qui sans doute prenait depuis longtemps Jean-Jacques pour un homme de quelque état mécanique; sa joie en le revoyant et son empressement à le servir, me firent connaître combien le sublime auteur d'*Emile* mettait en effet de bonhomie dans ses moindres actions. »

Le témoignage de Bernardin de Saint-Pierre est d'un prix infini. Le caractère extraordinaire de Rousseau rendait ses allures difficiles à comprendre. Sa tête, épuisée par un travail assidu, et accablée par toutes les émotions d'une vie trop agitée, battait quelquefois la campagne. [1] Il est heureux que la sympathie judicieuse d'un ami soit venue nous aider à considérer sous un vrai jour la vieillesse misanthropique de ce pauvre grand homme, qui côtoya longtemps la folie, mais qui n'y tomba jamais.

Pendant les premières années de son séjour à Paris, il composa les Dialogues intitulés: *Rousseau juge de Jean-Jacques*, livre pénible où se peint son âme tourmentée. Quand il reprit la plume pour écrire les

---

[1] « Mon ami, écrivait-il à Coindet, plaignez-moi, plaignez cette pauvre tête grisonnante qui, ne sachant où se reposer, va nageant dans les espaces. »

Rêveries d'un promeneur solitaire, il avait l'esprit plus serein et moins chargé de nuages. Ces précieuses confidences nous dévoilent l'état d'esprit du vieux philosophe, en ces derniers temps de sa vie. Ecoutons-le parler :

« Le jeudi 24 octobre 1776, je suivis après dîner les boulevards jusqu'à la rue du Chemin-Vert, par laquelle je gagnai les hauteurs de Ménilmontant ; et de là, prenant les sentiers à travers les vignes et les prairies, je traversai jusqu'à Charonne le riant paysage qui sépare ces deux villages ; puis je fis un détour pour revenir par les mêmes prairies, en prenant un autre chemin. Je m'amusais à les parcourir avec ce plaisir et cet intérêt que m'ont toujours donné des sites agréables, et m'arrêtant quelquefois à fixer des plantes dans la verdure. J'en aperçus deux que je voyais assez rarement autour de Paris, et que je trouvai très-abondantes dans ce canton-là. L'une est le *Picris hieracioïdes*, de la famille des composées, et l'autre le *Buplerum falcatum*, de celle des ombellifères. Cette découverte me réjouit et m'amusa longtemps. Enfin après avoir parcouru en détail plusieurs autres plantes que je voyais encore en fleurs, et dont l'aspect et l'énumération qui m'était familière me donnaient néanmoins toujours du plaisir, je quittai peu à peu ces menues observations pour me livrer à l'impression non moins agréable, mais plus touchante, que faisait sur moi l'ensemble de tout cela.

« Depuis quelques jours on avait achevé la vendange ; les promeneurs de la ville s'étaient déjà retirés, les paysans aussi quittaient les champs jusqu'aux travaux d'hiver. La campagne, encore verte et riante, mais défeuillée en partie, et déjà presque déserte, offrait partout l'image de la solitude et des approches de l'hiver. Il résultait de son aspect un mélange d'impression douce et triste, trop analogue à mon âge et à mon sort pour que je ne m'en fisse pas l'application. Je me voyais au déclin d'une vie innocente et infortunée, l'âme pleine encore de sentiments vivaces, et l'esprit encore orné de quelques fleurs, mais déjà flétries par la tristesse, et desséchées par les ennuis. Seul et délaissé, je sentais venir le froid des premières glaces, et mon imagination tarissante ne peuplait plus ma solitude d'êtres formés selon mon cœur. Je me disais en soupirant : Qu'ai-je fait ici-bas ? J'étais fait pour vivre, et je meurs sans avoir vécu. Je m'attendrissais sur ces réflexions ; je récapitulais les mouvements de mon âme dès ma jeunesse et pendant mon âge mûr, et durant la longue retraite dans laquelle je dois achever mes jours. Je revenais avec complaisance sur toutes les affections de mon cœur, sur ses attachements si tendres, mais si aveugles, sur les idées consolantes dont mon esprit s'était nourri depuis quelques années. Mon après-midi se passa dans ces paisibles méditations..... »

Jean-Jacques Rousseau approchait de sa fin. Au

printemps de 1778, voulant aller à la campagne, il accepta l'hospitalité que le marquis de Girardin lui offrit dans sa terre d'Ermenonville : il y mourut d'apoplexie, le 2 juillet 1778.

I

SOUVENIRS D'ENFANCE

Je me souviens d'avoir été frappé dans mon enfance d'un spectacle assez simple, et dont pourtant l'impression m'est toujours restée, malgré le temps et la diversité des objets. Le régiment de Saint-Gervais avait fait l'exercice, et, selon la coutume, on avait soupé par compagnies : la plupart de ceux qui les composaient se rassemblèrent, après le souper, dans la place de Saint-Gervais, et se mirent à danser tous ensemble, officiers et soldats, autour de la fontaine, sur le bassin de laquelle étaient montés les tambours, les fifres, et ceux qui portaient les flambeaux. Une danse de gens égayés par un long repas semblerait n'offrir rien de fort intéressant à voir ; cependant l'accord de cinq ou six cents hommes en uniforme, se tenant tous par la main, et formant une longue bande qui serpentait en cadence et sans confusion, avec mille tours et retours, mille espèces d'évolutions figurées, le choix des airs qui les animaient, le bruit des tambours, l'éclat des flambeaux, un certain appareil militaire au sein du plaisir, tout cela formait une sensation très-vive qu'on ne pouvait supporter de sang-froid. Il était tard, les femmes étaient couchées ; toutes se relevèrent. Bientôt les fenêtres furent pleines de spectatrices qui donnaient un nouveau zèle aux acteurs : elles ne purent tenir longtemps à leurs fenêtres, elles descendirent ; les maîtresses venaient voir leurs maris, les servantes apportaient du vin ; les enfants mêmes, éveillés par le bruit, accoururent demi-vêtus entre les pères et les mères. La danse fut suspendue ; ce ne furent qu'embrassements, ris, santés, caresses. Il résulta de tout cela un attendrissement général que je ne saurais peindre, mais que, dans l'allégresse universelle, on éprouve assez naturellement au milieu de tout ce qui nous est cher. Mon père en m'embrassant fut saisi d'un tressaillement que je crois sentir et partager encore. « Jean-Jacques, me disait-il, aime ton pays. Vois-tu ces bons Genevois ? ils sont tous amis, ils sont tous frères, la joie et la concorde règnent au milieu d'eux. Tu es Genevois ; tu verras un jour d'autres peuples ; mais quand tu voyagerais autant que ton père, tu ne trouveras jamais leurs pareils. »

On voulut recommencer la danse, il n'y eut plus moyen ; on ne savait plus ce qu'on faisait, toutes les têtes étaient tournées d'une ivresse plus douce que celle du vin. Après avoir resté quelque temps encore à rire et à causer sur la place, il fallut se séparer : chacun se retira paisiblement avec sa famille ; et voilà comment ces aimables et prudentes femmes ramenèrent leurs maris, non pas en troublant leurs plaisirs, mais en allant les partager. Je sens bien que ce spectacle dont je fus si touché serait sans attraits pour mille autres; il faut des yeux faits pour le voir, et un cœur fait pour le sentir.

* *
*

J'allais presque tous les dimanches passer la journée aux Pâquis, chez M. Fazy, qui avait épousé une de mes tantes, et qui avait là une fabrique d'indiennes. Un jour j'étais à l'étendage, dans la chambre de la calandre, et j'en regardais les rouleaux de fonte ; leur luisant flattait ma vue ; je fus tenté d'y poser mes doigts, et je les promenais avec plaisir sur le lissé du cylindre, quand le jeune Fazy s'étant mis dans la roue lui donna un demi-quart de tour si adroitement qu'il n'y prit que le bout de mes deux plus longs doigts ; mais c'en fut assez pour qu'ils y fussent écrasés par le bout, et que les deux ongles y restassent. Je fis un cri perçant ; Fazy détourne à l'instant la roue, mais les ongles ne restèrent pas moins au cylindre, et le sang ruisselait de mes doigts. Fazy, consterné, s'écrie, sort de la roue, m'embrasse, et me conjure d'apaiser mes cris, ajoutant qu'il était perdu. Au fort de ma douleur la sienne me toucha ; je me tus, nous fûmes à la carpière, où il m'aida à laver mes doigts, et à étancher mon sang avec de la mousse. Il me supplia avec larmes, de ne point l'accuser ; je le lui promis, et le tins si bien, que, plus de vingt ans après, personne ne savait par quelle aventure j'avais deux de mes doigts cicatrisés ; car ils le sont demeurés toujours. Je fus détenu dans mon lit plus de trois semaines, et plus de deux mois hors d'état de me servir de ma main, disant toujours qu'une grosse pierre, en tombant, m'avait écrasé mes doigts.

Cet accident me fut bien sensible par la circonstance, car c'était le temps des exercices, où l'on faisait manœuvrer la bourgeoisie, et nous avions fait un rang de trois autres enfants de mon âge, avec lesquels je devais, en uniforme, faire l'exercice avec la compagnie de mon quartier. J'eus la douleur d'entendre le tambour de la compagnie, passant sous ma fenêtre, avec mes trois camarades, tandis que j'étais dans mon lit.

* * *

Je jouais au mail, à Plainpalais, avec un de mes camarades appelé Plince. Nous prîmes querelle au jeu ; nous nous battîmes, et, durant le combat, il me donna, sur la tête nue, un coup de mail si bien appliqué, que d'une main plus forte il m'eût fait sauter la cervelle. Je tombe à l'instant. Je ne vis de ma vie une agitation pareille à celle de ce pauvre garçon, voyant mon sang ruisseler dans mes cheveux. Il crut m'avoir tué. Il se précipite sur moi, m'embrasse, me serre étroitement en fondant en larmes et poussant des cris perçants. Je l'embrassais aussi de toute ma force, en pleurant comme lui, dans une émotion confuse, qui n'était pas sans quelque douceur. Enfin il se mit en devoir d'étancher mon sang qui continuait de couler ; et, voyant que nos deux mouchoirs n'y pouvaient suffire, il m'entraîna chez sa mère, qui avait un petit jardin près de là. Cette bonne dame faillit à se trouver mal en me voyant dans cet état; mais elle sut conserver ses forces pour me panser ; et, après avoir bien bassiné ma plaie, elle y appliqua des fleurs de lis macérées dans l'eau de vie, vulnéraire excellent, et très-usité dans notre pays. Ses larmes et celles de son fils pénétrèrent mon cœur au point que longtemps je la regardais comme ma mère, et son fils comme mon frère, jusqu'à ce qu'ayant perdu l'un et l'autre de vue je les oubliai peu à peu.

* * *

J'étais à la campagne en pension chez un ministre appelé M. Lambercier. J'avais pour camarade un cousin plus riche que moi, et qu'on traitait en héritier, tandis qu'éloigné de mon père je n'étais qu'un pauvre orphelin. Mon grand cousin Bernard était singulièrement poltron, surtout la nuit. Je me moquai tant de sa frayeur, que M. Lambercier, ennuyé de mes vanteries, voulut mettre mon courage à l'épreuve. Un soir d'automne, qu'il faisait très-obscur, il me donna la clef du temple, et me dit d'aller chercher dans la chaire la Bible qu'on y avait laissée. Il ajouta, pour me piquer d'honneur, quelques mots qui me mirent dans l'impuissance de reculer.

Je partis sans lumière ; si j'en avais eu, c'aurait peut-être été pis encore. Il fallait passer par le cimetière : je le traversai gaillardement ; car, tant que je me sentais en plein air, je n'eus jamais de frayeurs nocturnes.

En ouvrant la porte, j'entendis à la voûte un

certain retentissement que je crus ressembler à des voix, et qui commença d'ébranler ma fermeté romaine. La porte ouverte, je voulus entrer ; mais à peine eus-je fait quelques pas, que je m'arrêtai. En apercevant l'obscurité profonde qui régnait dans ce vaste lieu, je fus saisi d'une terreur qui me fit dresser les cheveux : je rétrograde, je sors, je me mets à fuir tout tremblant. Je trouvai dans la cour un petit chien nommé Sultan, dont les caresses me rassurèrent. Honteux de ma frayeur, je revins sur mes pas, tâchant pourtant d'emmener avec moi Sultan, qui ne voulut pas me suivre. Je franchis brusquement la porte, j'entre dans l'église. A peine y fus-je rentré, que la frayeur me reprit, mais si fortement que je perdis la tête ; et, quoique la chaire fût à droite, et que je le susse très-bien, ayant tourné sans m'en apercevoir, je la cherchai longtemps à gauche, je m'embarrassais dans les bancs, je ne savais plus où j'étais ; et, ne pouvant trouver ni la chaire ni la porte, je tombai dans un bouleversement inexprimable. Enfin, j'aperçois la porte, je viens à bout de sortir du temple, et je m'en éloigne comme la première fois, bien résolu de n'y jamais rentrer seul qu'en plein jour.

Je reviens jusqu'à la maison. Prêt à entrer, je distingue la voix de M. Lambercier à de grands éclats de rire. Je les prends pour moi d'avance, et, confus de m'y voir exposé, j'hésite à ouvrir la porte. Dans cet intervalle, j'entends mademoiselle Lambercier s'inquiéter de moi, dire à la servante de prendre la lanterne, et M. Lambercier se disposer à me venir chercher, escorté de mon intrépide cousin, auquel ensuite on n'aurait pas manqué de faire tout l'honneur de l'expédition. A l'instant toutes mes frayeurs cessent, et ne me laissent que celle d'être surpris dans ma fuite : je cours, je vole au temple. Sans m'égarer, sans tâtonner, j'arrive à la chaire ; j'y monte, je prends la Bible, je m'élance en bas ; dans trois sauts je suis hors du temple dont j'oubliai même de fermer la porte ; j'entre dans la chambre, hors d'haleine, je jette la Bible sur la table, effaré, mais palpitant d'aise d'avoir prévenu le secours qui m'était destiné.

* *
*

Il y avait, [1] hors la porte de la cour, une terrasse à gauche en entrant, sur laquelle on allait souvent s'asseoir l'après-midi, mais qui n'avait point d'ombre. Pour lui en donner, M. Lambercier y fit planter un noyer. La plantation de cet arbre se fit

[1] Au presbytère de Bossey.

avec solennité ; les deux pensionnaires en furent les parrains : et, tandis qu'on comblait le creux, nous tenions l'arbre chacun d'une main avec des chants de triomphe. On fit pour l'arroser une espèce de bassin tout autour du pied. Chaque jour, ardents spectateurs de cet arrosement, nous nous confirmions, mon cousin et moi, dans l'idée très-naturelle qu'il était plus beau de planter un arbre sur la terrasse qu'un drapeau sur la brèche, et nous résolûmes de nous procurer cette gloire sans la partager avec qui que ce fût.

Pour cela nous allâmes couper une bouture d'un jeune saule, et nous la plantâmes sur la terrasse, à huit ou dix pieds de l'auguste noyer. Nous n'oubliâmes pas de faire aussi un creux autour de notre arbre : la difficulté était d'avoir de quoi le remplir ; car l'eau venait d'assez loin, et on ne nous laissait pas courir pour en aller prendre. Cependant il en fallait absolument pour notre saule. Nous employâmes toutes sortes de ruses pour lui en fournir durant quelques jours ; et cela nous réussit si bien, que nous le vîmes bourgeonner et pousser de petites feuilles dont nous mesurions l'accroissement d'heure en heure, persuadés, quoiqu'il ne fût pas à un pied de terre, qu'il ne tarderait pas à nous ombrager.

Comme notre arbre, nous occupant tout entiers, nous rendait incapables de toute application, de

toute étude, que nous étions comme en délire, et
que, ne sachant à qui nous en avions, on nous
tenait de plus court qu'auparavant, nous vîmes l'instant fatal où l'eau nous allait manquer, et nous
nous désolions dans l'attente de voir notre arbre
périr de sécheresse. Enfin la nécessité, mère de
l'industrie, nous suggéra une invention pour garantir l'arbre et nous d'une mort certaine : ce fut
de faire par-dessous terre une rigole qui conduisît
secrètement au saule une partie de l'eau dont on
arrosait le noyer. Cette entreprise, exécutée avec
ardeur, ne réussit pourtant pas d'abord. Nous
avions si mal pris la pente, que l'eau ne coulait
point ; la terre s'éboulait et bouchait la rigole ; l'entrée se remplissait d'ordures ; tout allait de travers.
Rien ne nous rebuta : *Labor omnia vincit improbus*.
Nous creusâmes davantage la terre et notre bassin,
pour donner à l'eau son écoulement : nous coupâmes
des fonds de boîtes en petites planches étroites,
dont les unes mises de plat à la file, et d'autres posées
en angle des deux côtés sur celles-là, nous firent un
canal triangulaire pour notre conduit. Nous plantâmes à l'entrée de petits bouts de bois minces et à
claire-voie, qui, faisant une espèce de grillage ou de
crapaudine, retenaient le limon et les pierres sans
boucher le passage à l'eau. Nous recouvrîmes soigneusement notre ouvrage de terre bien foulée ; et

le jour où tout fut fait, nous attendîmes dans des transes d'espérance et de crainte l'heure de l'arrosement. Après des siècles d'attente, cette heure vint enfin ; M. Lambercier vint aussi à son ordinaire assister à l'opération, durant laquelle nous nous tenions tous deux derrière lui pour cacher notre arbre, auquel très-heureusement il tournait le dos.

A peine achevait-on de verser le premier seau d'eau, que nous commençâmes d'en voir couler dans notre bassin. A cet aspect la prudence nous abandonna ; nous nous mîmes à pousser des cris de joie qui firent retourner M. Lambercier : et ce fut dommage, car il prenait grand plaisir à voir comment la terre du noyer était bonne et buvait avidement son eau. Frappé de la voir se partager en deux bassins, il s'écrie à son tour, regarde, aperçoit la friponnerie, se fait brusquement apporter une pioche, donne un coup, fait voler deux ou trois éclats de nos planches, et criant à pleine tête : *Un aqueduc ! un aqueduc !* il frappe de toutes parts des coups impitoyables, dont chacun portait au milieu de nos cœurs. En un moment, les planches, le conduit, le bassin, le saule, tout fut détruit, tout fut labouré, sans qu'il y eût, durant cette expédition terrible, nul autre mot prononcé, sinon l'exclamation qu'il répétait sans cesse. *Un aqueduc !* s'écriait-il en brisant tout, *un aqueduc ! un aqueduc !*

On croira que l'aventure finit mal pour les petits architectes. On se trompera : tout fut fini. M. Lambercier ne nous dit pas un mot de reproche, ne nous fit pas plus mauvais visage, et ne nous en parla plus ; nous l'entendîmes même un peu après rire auprès de sa sœur à gorge déployée, car le rire de M. Lambercier s'entendait de loin ; et ce qu'il y eut de plus étonnant encore, c'est que, passé le premier saisissement, nous ne fûmes pas nous-mêmes fort affligés. Nous plantâmes ailleurs un autre arbre, et nous nous rappelions souvent la catastrophe du premier, en répétant entre nous avec emphase : *Un aqueduc ! un aqueduc !*

II

LETTRE A D'ALEMBERT
(EXTRAITS)

Genève est riche, il est vrai; mais quoiqu'on n'y voie point ces énormes disproportions de fortune qui appauvrissent tout un pays pour enrichir quelques habitants, et sèment la misère autour de l'opulence, il est certain que, si quelques Genevois possèdent d'assez grands biens, plusieurs vivent dans une disette assez dure, et que l'aisance du plus grand nombre vient d'un travail assidu, d'économie et de modération, plutôt que d'une richesse positive. Il y a bien des villes plus pauvres que la nôtre où le bourgeois peut donner beaucoup plus à ses plaisirs, parce que le territoire qui le nourrit ne s'épuise pas, et que son temps n'étant d'aucun prix, il peut le perdre sans préjudice. Il n'en va pas ainsi parmi nous, qui, sans terres pour subsister, n'avons tous que notre industrie. Le peuple genevois ne se soutient qu'à force de travail, et n'a le nécessaire qu'autant qu'il se refuse tout superflu: c'est une des raisons de nos lois somptuaires. Il me semble que ce qui doit d'abord frapper tout étranger entrant dans

Genève, c'est l'air de vie et d'activité qu'il y voit régner. Tout s'occupe, tout est en mouvement, tout s'empresse à son travail et à ses affaires. Je ne crois pas que nulle autre aussi petite ville au monde offre un pareil spectacle. Visitez le quartier Saint-Gervais, toute l'horlogerie de l'Europe y paraît rassemblée. Parcourez le Molard et les rues basses, un appareil de commerce en grand, des monceaux de ballots, de tonneaux confusément jetés, une odeur d'Inde et de droguerie, vous font imaginer un port de mer. Aux Pâquis, aux Eaux-Vives, le bruit et l'aspect des fabriques d'indiennes et de toiles peintes semblent vous transporter à Zurich. La ville se multiplie en quelque sorte par les travaux qui s'y font; et j'ai vu des gens, sur ce premier coup d'œil, en estimer le peuple à cent mille âmes. Les bras, l'emploi du temps, la vigilance, l'austère parcimonie, voilà les trésors du Genevois.

* * *

Le Genevois aime excessivement la campagne: on en peut juger par la quantité de maisons répandues autour de la ville. L'attrait de la chasse et la beauté des environs entretiennent ce goût salutaire.

Les portes fermées avant la nuit ôtant la liberté de la promenade au dehors, et les maisons de campagne étant si près, fort peu de gens aisés couchent en ville durant l'été. Chacun ayant passé la journée à ses affaires, part le soir à portes fermantes, et va dans sa petite retraite respirer l'air le plus pur et jouir du plus charmant paysage qui soit sous le ciel. Il y a même beaucoup de citoyens et bourgeois qui y résident toute l'année et n'ont point d'habitation dans Genève.

* *
*

Il n'y a point d'état bien constitué où l'on ne trouve des usages qui tiennent à la forme du gouvernement et servent à la maintenir. Tel était, par exemple, autrefois à Londres celui des coteries. Des coteries semblables sont maintenant établies à Genève sous le nom de *cercles*. Cet usage est ancien parmi nous, quoique son nom ne le soit pas. Les coteries existaient dans mon enfance sous le nom de *sociétés*; mais la forme en était moins bonne et moins régulière. L'exercice des armes qui nous rassemble tous les printemps, les divers prix qu'on tire une partie de l'année, les fêtes militaires que ces prix occasionnent, le goût de la chasse, commun à tous les Genevois, (¹) réunissant fréquemment les hommes, leur donnaient occasion de former entre eux des sociétés de table, des parties de campagne, et enfin des liaisons d'amitié; mais ces assemblées, n'ayant pour objet que le plaisir et la joie, ne se formaient guère qu'au cabaret. Nos discordes civiles, où la nécessité des affaires obligeait de s'assembler plus souvent et de délibérer de sang-froid, firent changer ces sociétés tumultueuses en des rendez-vous plus honnêtes. Ces rendez-vous prirent le nom de cercles ; et d'une fort triste cause sont sortis de très-bons effets.

Ces cercles sont des sociétés de douze ou quinze personnes qui louent un appartement commode qu'on pourvoit à frais communs de meubles et de provisions nécessaires. C'est dans cet appartement que se rendent tous les après-midi ceux des associés que leurs affaires ou leurs plaisirs ne retiennent point ailleurs. On s'y rassemble ; et là, chacun se livrant sans gêne aux amusements de son goût, on

---

(¹) J.-J. Rousseau a parlé ailleurs du goût de son père pour la chasse : « Je me souviens des battements de cœur qu'éprouvait mon père au vol de la première perdrix, et des transports de joie avec lesquels il trouvait le lièvre qu'il avait cherché tout le jour. Seul avec son chien, chargé de son fusil, de son carnier, de son fourniment, de sa petite proie, il revenait le soir, rendu de fatigue, déchiré des ronces, content de sa journée. »

joue, on cause, on lit, on boit, on fume. Quelquefois on y soupe, mais rarement, parce que le Genevois est rangé, et se plaît à vivre avec sa famille. Souvent aussi l'on va se promener ensemble, et les amusements qu'on se donne sont des exercices propres à rendre et à maintenir le corps robuste.

Les femmes et les filles, de leur côté, se rassemblent par sociétés, tantôt chez l'une, tantôt chez l'autre. L'objet de cette réunion est un petit jeu de commerce, un goûter, et, comme on peut bien croire, un intarissable babil. Les hommes, sans être fort sévèrement exclus de ces sociétés, s'y mêlent assez rarement.

Tels sont les amusements journaliers de la bourgeoisie de Genève. Sans être dépourvus de plaisir et de gaîté, ces amusements ont quelque chose de simple et d'innocent qui convient à des mœurs républicaines.

Nos cercles conservent encore parmi nous quelque image des mœurs antiques. Les hommes entre eux, dispensés de rabaisser leurs idées à la portée des femmes et d'habiller galamment la raison, peuvent se livrer à des discours graves et sérieux sans crainte du ridicule. On ose parler de patrie et de vertu sans passer pour rabâcheur; on ose être soi-même sans s'asservir aux maximes d'une caillette. Si le tour de la conversation devient moins poli, les raisons prennent plus de poids; on ne se paie point de plaisanterie ni de gentillesse ; on ne se tire point d'affaire par de bons mots ; on ne se ménage point dans la dispute ; chacun se sentant attaqué de toutes les forces de son adversaire, est obligé d'employer toutes les siennes pour se défendre. C'est ainsi que l'esprit acquiert de la justesse et de la vigueur. La manière de vivre, plus conforme aux inclinations de l'homme, est aussi mieux assortie à son tempérament: on ne reste point toute la journée établi sur une chaise ; on se livre à des jeux d'exercice ; on va, on vient ; plusieurs cercles se tiennent à la campagne, d'autres s'y rendent. On a des jardins pour la promenade, des cours spacieuses pour s'exercer, un grand lac pour nager, tout le pays ouvert pour la chasse ; et il ne faut pas croire que cette chasse se fasse aussi commodément qu'aux environs de Paris, où l'on trouve le gibier sous ses pieds, et où l'on tire à cheval. Enfin ces honnêtes et innocentes institutions rassemblent tout ce qui peut contribuer à former dans les mêmes hommes des amis, des citoyens, des soldats, et par conséquent tout ce qui convient le mieux à un peuple libre.

*　*　*

On m'assure que l'éducation de la jeunesse est généralement beaucoup meilleure qu'elle n'était autrefois; ce qui pourtant ne peut guère se prouver qu'en montrant qu'elle fait de meilleurs citoyens. Il est certain que les enfants font mieux la révérence, qu'ils savent plus galamment donner la main aux dames, et leur dire une infinité de gentillesses; qu'ils savent décider, trancher, interroger, couper la parole aux hommes, importuner tout le monde, sans modestie et sans discrétion. On me dit que cela les forme: je conviens que cela les forme à être impertinents; et c'est, de toutes les choses qu'ils apprennent par cette méthode, la seule qu'ils n'oublient point. Ce n'est pas tout: on a soin de les élever comme des femmes; on les garantit du soleil, du vent, de la pluie, de la poussière, afin qu'ils ne puissent jamais rien supporter de tout cela. On les prive de tout exercice. A mon dernier voyage à Genève, j'ai déjà vu plusieurs de ces jeunes demoiselles en justaucorps, les dents blanches, la main potelée, la voix flûtée, un joli parasol vert à la main, contrefaire assez maladroitement les hommes.

On était plus grossier de mon temps. Les enfants, rustiquement élevés, n'avaient point de teint à conserver, et ne craignaient point les injures de l'air, auxquelles ils s'étaient aguerris de bonne heure. Les pères les menaient avec eux à la chasse, en campagne, à tous leurs exercices, dans toutes les sociétés. Timides et modestes devant les gens âgés, ils étaient hardis, fiers, querelleurs entre eux; ils n'avaient point de frisure à conserver; ils se défiaient à la lutte, à la course, aux coups; ils se battaient à bon escient, se blessaient quelquefois, et puis s'embrassaient en pleurant. Ils revenaient au logis suant, essoufflés, déchirés : c'étaient de vrais polissons ; mais ces polissons ont fait des hommes qui ont dans le cœur du zèle pour servir la patrie et du sang à verser pour elle. Plaise à Dieu qu'on en puisse dire autant un jour de nos beaux petits messieurs requinqués, et que ces hommes de quinze ans ne soient pas des enfants à trente!

Heureusement ils ne sont point tous ainsi. Le plus grand nombre encore a gardé cette antique rudesse, conservatrice de la bonne constitution ainsi que des bonnes mœurs. Ceux mêmes qu'une éducation trop délicate amollit pour un temps, seront contraints, étant grands, de se plier aux habitudes de leurs compatriotes. Les uns perdront leur âpreté dans le commerce du monde; les autres gagneront des forces en les exerçant; tous deviendront, je l'espère, ce que furent leurs ancêtres, ou du moins ce que leurs pères sont aujourd'hui.

Savez-vous qui l'on devrait s'efforcer d'attirer et de retenir dans nos murs? Les Genevois mêmes, qui, avec un sincère amour pour leur pays, ont tous une si grande inclination pour les voyages, qu'il n'y a point de contrée où l'on n'en trouve de répandus. La moitié de nos concitoyens, épars dans le reste de l'Europe et du monde, vivent et meurent loin de la patrie. Je sais que nous sommes forcés d'aller chercher au loin les ressources que notre terrain nous refuse, et que nous pourrions difficilement subsister si nous nous y tenions renfermés. Mais au moins que ce bannissement ne soit pas éternel pour tous : que ceux dont le ciel a béni les travaux viennent, comme l'abeille, en rapporter le fruit dans la ruche, réjouir leurs concitoyens du spectacle de leur fortune, animer l'émulation des jeunes gens, enrichir leur pays de leur richesse, et jouir modestement chez eux des biens honnêtement acquis chez les autres.

* *
*

Puisse la jeunesse de mon pays connaître et mériter son sort! Puisse-t-elle sentir toujours combien le solide bonheur est préférable aux vains plaisirs qui le détruisent! puisse-t-elle transmettre à ses descendants les vertus, la liberté, la paix qu'elle tient de ses pères! C'est le dernier vœu par lequel je finis mes écrits, c'est celui par lequel finira ma vie.

III

NOUVELLE HÉLOISE

(EXTRAITS)

Lettre de Saint-Preux à Julie.

A peine ai-je employé huit jours à parcourir un pays qui demanderait des années d'observation : mais, outre que la neige me chasse, j'ai voulu revenir au devant du courrier, qui m'apporte, j'espère, une de vos lettres. En attendant qu'elle arrive, je commence par vous écrire celle-ci, après laquelle j'en écrirai, s'il est nécessaire, une seconde pour répondre à la vôtre.

Je ne vous ferai point ici un détail de mon voyage et de mes remarques ; j'en ai fait une relation que je compte vous porter. Il faut réserver notre correspondance pour les choses qui nous touchent de plus près l'un et l'autre. Je me contenterai de vous parler de la situation de mon âme : il est juste de vous rendre compte de l'usage qu'on fait de votre bien.

J'étais parti triste de mes peines et consolé de votre joie; ce qui me tenait dans un certain état de langueur qui n'est pas sans charme pour un cœur sensible. Je gravissais lentement et à pied des sentiers assez rudes, conduit par un homme que j'avais pris pour être mon guide, et dans lequel, durant toute la route, j'ai trouvé plutôt un ami qu'un mercenaire. Je voulais rêver, et j'en étais toujours détourné par quelque spectacle inattendu. Tantôt d'immenses roches pendaient en ruines au-dessus de ma tête. Tantôt de hautes et bruyantes cascades m'inondaient de leur épais brouillard. Tantôt un torrent éternel ouvrait à mes côtés un abîme dont les yeux n'osaient sonder la profondeur. Quelquefois je me perdais dans l'obscurité d'un bois touffu. Quelquefois, en sortant d'un gouffre, une agréable prairie réjouissait tout à coup mes regards. Un mélange étonnant de la nature sauvage et de la nature cultivée montrait partout la main des hommes où l'on eût cru qu'ils n'avaient jamais pénétré : à côté d'une caverne on trouvait des maisons ; on voyait des pampres secs où l'on n'eût cherché que des ronces, des vignes dans des terres éboulées, d'excellents fruits sur des rochers, et des champs dans des précipices.

Ce n'était pas seulement le travail des hommes qui rendait ces pays étranges si bizarrement contrastés; la nature semblait encore prendre plaisir à s'y mettre en opposition avec elle-même, tant on la trouvait différente en un même lieu sous divers aspects. Au levant les fleurs du printemps, au midi les fruits de l'automne, au nord les glaces de l'hiver : elle réunissait toutes les saisons dans le même instant, tous les climats dans le même lieu, des terrains contraires sur le même sol, et formait l'accord, inconnu partout ailleurs, des productions des plaines et de celles des Alpes. Ajoutez à tout cela les illusions de l'optique, les pointes des monts différemment éclairées, le clair-obscur du soleil et des ombres, et tous les accidents de lumière qui en résultaient le matin et le soir ; vous aurez quelque idée des scènes continuelles qui ne cessèrent d'attirer mon admiration, et qui semblaient m'être offertes en un vrai théâtre ; car la perspective des monts étant verticale frappe les yeux tout à la fois, et bien plus puissamment que celle des plaines, qui ne se voit qu'obliquement, en fuyant, et dont chaque objet vous en cache un autre.

J'attribuai, durant la première journée, aux agréments de cette variété le calme que je sentais renaître en moi. J'admirais l'empire qu'ont sur nos passions les plus vives les êtres les plus insensibles, et je méprisais la philosophie de ne pouvoir pas même autant sur l'âme qu'une suite d'objets inanimés. Mais, cet état paisible ayant duré la nuit et augmenté le lendemain, je ne tardai pas de juger qu'il avait encore quelque autre cause qui ne m'était pas connue. J'arrivai ce jour-là sur des montagnes les moins élevées, et, parcourant ensuite leurs inégalités, sur celles des plus hautes qui étaient à ma portée. Après m'être promené dans les nuages, j'atteignis un séjour plus serein d'où l'on voit, dans la saison, le tonnerre et l'orage se former au-dessous de soi : image trop vaine de l'âme du sage, dont l'exemple n'exista jamais, ou n'existe qu'aux mêmes lieux d'où l'on en a tiré l'emblème.

Ce fut là que je démêlai sensiblement dans la pureté de l'air où je me trouvais la véritable cause du changement de mon humeur, et du retour de cette paix intérieure que j'avais perdue depuis si longtemps. En effet, c'est une impression générale qu'éprouvent tous les hommes, quoiqu'ils ne l'observent pas tous, que sur les hautes montagnes où l'air est pur et subtil, on se sent plus de facilité dans la respiration, plus de légèreté dans le corps, plus de sérénité dans l'esprit : les plaisirs y sont moins ardents, les passions plus modérées. Les méditations y prennent je ne sais quel caractère grand et sublime, proportionné aux objets qui nous frappent ; je ne sais quelle volupté tranquille qui n'a rien d'âcre et de sensuel. Il semble qu'en s'élevant au-dessus du séjour des hommes on y laisse tous les sentiments bas et terrestres, et qu'à mesure qu'on approche des régions éthérées, l'âme contracte quelque chose de leur inaltérable pureté. On y est grave sans mélancolie, paisible sans indolence, content d'être et de penser : tous les désirs trop vifs s'émoussent; ils perdent cette pointe aiguë qui les rend douloureux, ils ne laissent au fond du cœur qu'une émotion légère et douce ; et c'est ainsi qu'un heureux climat fait servir à la félicité de l'homme les passions qui font ailleurs son tourment. Je doute qu'aucune agitation violente, aucune maladie de vapeurs pût tenir contre un pareil séjour prolongé, et je suis surpris que des bains de l'air salutaire et bienfaisant des montagnes ne soient pas un des grands remèdes de la médecine et de la morale:

> Qui non palazzi, non teatro o loggia ;
> Ma 'n lor vece un' abete, un faggio, un pino,
> Trà l'erba verde e 'l bel monte vicino
> Levan di terra al ciel nostr' intelletto.

Supposez les impressions réunies de ce que je viens de vous décrire, et vous aurez quelque idée de la situation délicieuse où je me trouvais. Imaginez la variété, la grandeur, la beauté de mille étonnants spectacles ; le plaisir de ne voir autour de soi que des objets tout nouveaux, des oiseaux étranges, des plantes bizarres et inconnues, d'observer en quelque sorte une autre nature, et de se trouver dans un nouveau monde. Tout cela fait aux yeux un mélange inexprimable, dont le charme augmente encore par la subtilité de l'air qui rend les couleurs plus vives, les traits plus marqués, rapproche tous les points de vue; les distances paraissant moindres que dans les plaines où l'épaisseur de l'air couvre la terre d'un voile, l'horizon présente aux yeux plus d'objets qu'il semble n'en pouvoir contenir : enfin ce spectacle a je ne sais quoi de magique, de surnaturel, qui ravit l'esprit et les sens: on oublie tout, on s'oublie soi-même, on ne sait plus où l'on est.

J'aurais passé tout le temps de mon voyage dans le seul enchantement du paysage si je n'en eusse éprouvé un plus doux encore dans le commerce des habitants. Vous trouverez dans ma description un léger crayon de leurs mœurs, de leur simplicité, de leur égalité d'âme, et de cette paisible tranquillité qui les rend heureux par l'exemption des peines plutôt que par le goût des plaisirs. Mais ce que je n'ai pu vous peindre et qu'on ne peut guère imaginer, c'est leur humanité désintéressée et leur zèle hospitalier pour tous les étrangers que le hasard ou la curiosité conduisent chez eux. J'en fis une épreuve surprenante, moi qui n'étais connu de personne, et qui ne marchais qu'à l'aide d'un conducteur. Quand j'arrivais le soir dans un hameau, chacun venait avec tant d'empressement m'offrir sa maison, que j'étais embarrassé du choix; et celui qui obtenait la préférence en paraissait si content, que la première fois je pris cette ardeur pour de l'avidité. Mais je fus bien étonné quand, après en avoir usé chez mon hôte à peu près comme au cabaret, il refusa le lendemain mon argent, s'offensant même de ma proposition; et il en a partout été de même. Ainsi c'était le pur amour de l'hospitalité, communément assez tiède, qu'à sa vivacité j'avais pris pour l'âpreté du gain. Leur désintéressement fut si complet, que dans tout le voyage je n'ai pu trouver à placer un patagon. (¹) En effet, à quoi dépenser de l'argent dans un pays où les maîtres ne reçoivent point le prix de leurs frais, ni les domestiques celui de leurs soins, et où l'on ne trouve aucun mendiant? Cependant l'argent est fort rare dans le Haut-Valais; mais c'est pour cela que les habitants sont à leur aise; car les denrées y sont abondantes sans aucun débouché au dehors, sans consommation de luxe au dedans, et sans que le cultivateur montagnard, dont les travaux sont les plaisirs, devienne moins laborieux. Si jamais ils ont plus d'argent, ils seront infailliblement plus pauvres. Ils ont la sagesse de le sentir, et il y a dans le pays des mines d'or qu'il n'est pas permis d'exploiter.

J'étais d'abord fort surpris de l'opposition de ces usages avec ceux du Bas-Valais, où, sur la route de

---

(¹) Ecu du pays.

l'Italie, on rançonne assez durement les passagers, et j'avais peine à concilier dans un même peuple des manières si différentes. Un Valaisan m'en expliqua la raison. Dans la vallée, me dit-il, les étrangers qui passent sont des marchands, et d'autres gens uniquement occupés de leur négoce et de leur gain. Il est juste qu'ils nous laissent une partie de leur profit, et nous les traitons comme ils traitent les autres. Mais ici, où nulle affaire n'appelle les étrangers, nous sommes sûrs que leur voyage est désintéressé; l'accueil qu'on leur fait l'est aussi. Ce sont des hôtes qui nous viennent voir parce qu'ils nous aiment, et nous les recevons avec amitié.

Au reste, ajouta-t-il en souriant, cette hospitalité n'est pas coûteuse, et peu de gens s'avisent d'en profiter. Ah! je le crois, lui répondis-je. Que ferait-on chez un peuple qui vit pour vivre, non pour gagner ni pour briller? Hommes heureux et dignes de l'être, j'aime à croire qu'il faut vous ressembler en quelque chose pour se plaire au milieu de vous.

Ce qui me paraissait le plus agréable dans leur accueil, c'était de n'y pas trouver le moindre vestige de gêne ni pour eux ni pour moi. Ils vivaient dans leur maison comme si je n'y eusse pas été, et il ne tenait qu'à moi d'y être comme si j'y eusse été seul. Ils ne connaissent point l'incommode vanité d'en faire les honneurs aux étrangers, comme pour les avertir de la présence d'un maître dont on dépend au moins en cela. Si je ne disais rien, ils supposaient que je voulais vivre à leur manière ; je n'avais qu'à dire un mot pour vivre à la mienne, sans éprouver jamais de leur part la moindre marque de répugnance ou d'étonnement. Le seul compliment qu'ils me firent, après avoir su que j'étais Suisse, fut de me dire que nous étions frères, et que je n'avais qu'à me regarder chez eux comme étant chez moi. Puis ils ne s'embarrassèrent plus de ce que je faisais, n'imaginant pas même que je pusse avoir le moindre doute sur la sincérité de leurs offres, ni le moindre scrupule à m'en prévaloir. Ils en usent entre eux avec la même simplicité ; les enfants en âge de raison sont les égaux de leurs pères, les domestiques s'asseyent à table avec leurs maîtres ; la même liberté règne dans les maisons et dans la république, et la famille est l'image de l'état.

La seule chose sur laquelle je ne jouissais pas de la liberté était la durée excessive des repas. J'étais bien le maître de ne pas me mettre à table ; mais quand j'y étais une fois il y fallait rester une partie de la journée et boire d'autant. Le moyen d'imaginer qu'un homme, et un Suisse, n'aimât pas à boire? En effet, j'avoue que le bon vin me paraît une excellente chose, et que je ne hais point à m'en égayer, pourvu qu'on ne m'y force pas. J'ai toujours remarqué que les gens faux sont sobres, et la grande réserve de la table annonce assez souvent des mœurs feintes et des âmes doubles. Un homme franc craint moins ce babil affectueux et ces tendres épanchements qui précèdent l'ivresse ; mais il faut savoir s'arrêter et prévenir l'excès. Voilà ce qu'il ne m'était guère possible de faire avec d'aussi déterminés buveurs que les Valaisans, des vins aussi violents que ceux du pays, et sur des tables où l'on ne vit jamais d'eau. Comment se résoudre à jouer si sottement le sage et à fâcher de si bonnes gens? Je m'enivrais donc par reconnaissance, et, ne pouvant payer mon écot de ma bourse, je le payais de ma raison.

Un autre usage qui ne me gênait guère moins, c'était de voir, même chez les magistrats, la femme et les filles de la maison, debout derrière ma chaise, servir à table comme des domestiques. La galanterie française se serait d'autant plus tourmentée à réparer cette incongruité, qu'avec la figure des Valaisanes, des servantes même rendraient leurs services embarrassants. Vous pouvez m'en croire, elles sont jolies puisqu'elles m'ont paru l'être. Des yeux accoutumés à vous voir sont difficiles en beauté.

Pour moi, qui respecte encore plus les usages des pays où je vis que ceux de la galanterie, je recevais leur service en silence avec autant de gravité que don Quichotte chez la duchesse. J'opposais quelquefois en souriant les grandes barbes et l'air grossier des convives au teint éblouissant de ces jeunes beautés timides qu'un mot fait rougir, et ne rendait que plus agréables.

Je remarquai un grand défaut dans l'habillement des Valaisanes, c'est d'avoir des corps de robes si élevés par derrière qu'elles en paraissent bossues ; cela fait un effet singulier avec leurs petites coiffures noires et le reste de leur ajustement, qui ne manque au surplus ni de simplicité ni d'élégance. Je vous porte un habit complet à la valaisane, et j'espère qu'il vous ira bien ; il a été pris sur la plus jolie taille du pays.

Tandis que je parcourais avec extase ces lieux si peu connus et si dignes d'être admirés, que faisiez-vous cependant, ma Julie ? Etiez-vous oubliée de votre ami ? Julie oubliée ! Ne m'oublierais-je pas plutôt moi-même ? Et que pourrais-je être un moment seul, moi qui ne suis plus rien que par vous ? Je n'ai jamais mieux remarqué avec quel instinct je place en divers lieux notre existence commune selon l'état de mon âme. Quand je suis triste, elle se réfugie auprès de la vôtre et cherche des consolations aux lieux où vous êtes ; c'est ce que j'éprouvais en vous quittant. Quand j'ai du plaisir, je n'en saurais jouir seul, et pour le partager avec vous, je vous appelle alors où je suis. Voilà ce qui m'est arrivé durant toute cette course, où, la diversité des objets me rappelant sans cesse en moi-même, je vous conduisais partout avec moi. Je ne faisais pas un pas que nous ne le fissions ensemble. Je n'admirais pas une vue sans me hâter de vous la montrer. Tous les arbres que je rencontrais vous prêtaient leur ombre, tous les gazons vous servaient de siége. Tantôt, assis à vos côtés, je vous aidais à parcourir des yeux les objets ; tantôt à vos genoux j'en contemplais un plus digne des regards d'un homme sensible. Rencontrais-je un pas difficile, je vous le voyais franchir avec la légèreté d'un faon qui bondit après sa mère. Fallait-il traverser un torrent, j'osais presser dans mes bras une si douce charge : je passais le torrent lentement, avec délices, et voyais à regret le chemin que j'allais atteindre. Tout me rappelait à vous dans ce séjour paisible, et les touchants attraits de la nature, et l'inaltérable pureté de l'air, et les mœurs simples des habitants, et leur sagesse égale et sûre, et l'aimable pudeur du sexe, et ses innocentes grâces; et tout ce qui frappait agréablement mes yeux et mon cœur leur peignait celle qu'ils cherchent.

O ma Julie! disais-je avec attendrissement, que ne puis-je couler mes jours avec toi dans ces lieux ignorés, heureux de notre bonheur et non du regard des hommes ! Que ne puis-je ici rassembler toute mon âme en toi seule, et devenir à mon tour l'univers pour toi ! Charmes adorés, vous jouiriez alors des hommages qui vous sont dûs ! délices de l'amour, c'est alors que nos cœurs vous savoureraient sans cesse ! Une longue et douce ivresse nous laisserait ignorer le cours des ans : et, quand enfin l'âge aurait calmé nos premiers feux, l'habitude de penser et sentir ensemble ferait succéder à leurs transports une amitié non moins tendre. Tous les sentiments honnêtes, nourris dans la jeunesse avec ceux de l'amour, en rempliraient un jour le vide immense ; nous pratiquerions, au sein de cet heureux peuple, et à son exemple, tous les devoirs de l'humanité : sans cesse nous nous unirions pour bien faire, et nous ne mourrions point sans avoir vécu.

La poste arrive, il faut finir ma lettre, et courir recevoir la vôtre. Que le cœur me bat jusqu'à ce moment ! Hélas ! j'étais heureux dans mes chimères : mon bonheur fuit avec elles ; que vais-je être en réalité ?

Lettre de Saint-Preux à milord Edouard.

Il y a trois jours que j'essaie chaque soir de vous écrire. Mais, après une journée laborieuse, le sommeil me gagne en rentrant; le matin, dès le point du jour il faut retourner à l'ouvrage. Une ivresse plus douce que celle du vin me jette au fond de l'âme un trouble délicieux, et je ne puis dérober un moment à des plaisirs devenus tout nouveaux pour moi.

Je ne conçois pas quel séjour pourrait me déplaire avec la société que je trouve dans celui-ci. (¹) Mais savez-vous en quoi Clarens me plaît pour lui-même ? c'est que je m'y sens vraiment à la campagne, et que c'est presque la première fois que j'en ai pu dire autant. Les gens de ville ne savent point aimer la campagne; ils ne savent pas même y être : à peine, quand ils y sont, savent-ils ce qu'on y fait. Ils en dédaignent les travaux; les plaisirs, ils les ignorent; ils sont chez eux comme en pays étran-

---

(¹ Cette lettre a été écrite de longues années après la précédente. Dans l'intervalle, Saint-Preux avait fait le tour du monde avec l'amiral Anson; Claire avait épousé M. d'Orbe, et Julie M. de Wolmar; le mari de Claire était mort.

ger; je ne m'étonne pas qu'ils s'y déplaisent. Il faut être villageois au village, ou n'y point aller, car qu'y va-t-on faire? Les habitants de Paris qui croient aller à la campagne n'y vont point ; ils portent Paris avec eux. Les chanteurs, les beaux esprits, les auteurs, les parasites, sont le cortége qui les suit. Le jeu, la musique, la comédie, y sont leur seule occupation. Leur table est couverte comme à Paris ; ils y mangent aux mêmes heures ; on leur y sert les mêmes mets avec le même appareil ; ils n'y font que les mêmes choses : autant valait y rester ; car, quelque riche qu'on puisse être, et quelque soin qu'on ait pris, on sent toujours quelque privation, et l'on ne saurait apporter avec soi Paris tout entier. Ainsi cette variété qui leur est si chère, ils la fuient; ils ne connaissent jamais qu'une manière de vivre, et s'en ennuient toujours.

Le travail de la campagne est agréable à considérer, et n'a rien d'assez pénible en lui-même pour émouvoir à compassion. L'objet de l'utilité publique et privée le rend intéressant : et puis, c'est la première vocation de l'homme; il rappelle à l'esprit une idée agréable, et au cœur tous les charmes de l'âge d'or. L'imagination ne reste point froide à l'aspect du labourage et des moissons. La simplicité de la vie pastorale et champêtre a toujours quelque chose qui touche. Qu'on regarde les prés couverts de gens qui fanent et chantent, et des troupeaux épars dans l'éloignement; insensiblement on se sent attendrir sans savoir pourquoi. Ainsi quelquefois encore la voix de la nature amollit nos cœurs farouches; et quoiqu'on l'entende avec un regret inutile, elle est si douce qu'on ne l'entend jamais sans plaisir.

J'avoue que la misère qui couvre les champs en certains pays où le publicain dévore les fruits de la terre, l'âpre avidité d'un fermier avare, l'inflexible rigueur d'un maître inhumain, ôtent beaucoup d'attrait à ces tableaux. Des chevaux étiques près d'expirer sous les coups, de malheureux paysans exténués de jeûnes, excédés de fatigue et couverts de haillons, des hameaux de masures, offrent un triste spectacle à la vue: on a presque regret d'être homme quand on songe aux malheureux dont il faut manger le sang. Mais quel charme de voir de bons et sages régisseurs faire de la culture de leurs terres l'instrument de leurs bienfaits, leurs amusements, leurs plaisirs; verser à pleines mains les dons de la Providence, engraisser tout ce qui les entoure, hommes et bestiaux, des biens dont regorgent leurs granges, leurs caves, leurs greniers, accumuler l'abondance et la joie autour d'eux, et faire du travail qui les enrichit une fête continuelle! Comment se dérober à la douce illusion que ces objets font naître? On oublie son siècle et ses contemporains, on se transporte au temps des patriarches ; on veut mettre soi-même la main à l'œuvre, partager les travaux rustiques et le bonheur qu'on y voit attaché. O temps de l'amour et de l'innocence où les femmes étaient tendres et modestes, où les hommes étaient simples et vivaient contents ! O Rachel ! fille charmante et si constamment aimée, heureux celui qui, pour t'obtenir, ne regretta pas quatorze ans d'esclavage ! O douce élève de Noëmi ! heureux le bon vieillard dont tu réchauffais les pieds et le cœur ! Non, jamais la beauté ne règne avec plus d'empire qu'au milieu des soins champêtres. C'est là que les grâces sont sur leur trône, que la simplicité les pare, que la gaieté les anime, et qu'il faut les adorer malgré soi. Pardon, milord, je reviens à nous.

Depuis un mois les chaleurs de l'automne apprêtaient d'heureuses vendanges ; les premières gelées en ont amené l'ouverture ; le pampre grillé, laissant la grappe à découvert, étale aux yeux les dons du père Lyée, et semble inviter les mortels à s'en emparer. Toutes les vignes chargées de ce fruit bienfaisant que le ciel offre aux infortunés pour leur faire oublier leur misère ; le bruit des tonneaux, des cuves, des légréfaces qu'on relie de toutes parts, le chant des vendangeuses dont ces coteaux retentissent ; la marche continuelle de ceux qui portent la vendange au pressoir, le rauque son des instruments rustiques qui les anime au travail, l'aimable et touchant tableau d'une allégresse générale qui semble en ce moment étendue sur la face de la terre; enfin le voile de brouillard que le soleil élève au matin comme une toile de théâtre pour découvrir à l'œil un si charmant spectacle: tout conspire à lui donner un air de fête, et cette fête n'en devient que plus belle à la réflexion, quand on songe qu'elle est la seule où les hommes aient su joindre l'agréable à l'utile.

M. de Wolmar, dont ici le meilleur terrain consiste en vignobles, a fait d'avance tous les préparatifs nécessaires. Les cuves, le pressoir, le cellier, les futailles, n'attendaient que la douce liqueur pour laquelle ils sont destinés. Madame de Wolmar s'est chargée de la récolte; le choix des ouvriers, l'ordre et la distribution du travail la regardent. Madame d'Orbe préside aux festins de vendange et au salaire des journaliers, selon la police établie, dont les lois ne s'enfreignent jamais ici. Mon inspection à moi est de faire observer au pressoir les directions de Julie, dont la tête ne supporte pas la vapeur des cuves; et Claire n'a pas manqué d'applaudir à cet emploi, comme étant tout à fait du ressort d'un buveur.

Les tâches ainsi partagées, le métier commun pour remplir les vides est celui de vendangeur. Tout le monde est sur pied de grand matin : on se rassemble pour aller à la vigne. Madame d'Orbe, qui n'est jamais assez occupée au gré de son activité, se charge, pour surcroît, de faire avertir et tancer les paresseux, et je puis me vanter qu'elle s'acquitte envers moi de ce soin avec une maligne vigilance. Quant au vieux baron, (¹) tandis que nous travaillons tous, il se promène avec un fusil, et vient de temps en temps m'ôter aux vendangeuses pour aller avec lui tirer des grives, à quoi l'on ne manque pas de dire que je l'ai secrètement engagé, si bien que j'en perds peu à peu le nom de philosophe pour gagner celui de fainéant, qui dans le fond n'en diffère pas de beaucoup.

Vous voyez par ce que je viens de vous marquer du baron que notre réconciliation est sincère. Moi, de la haine pour le père de mon amie! Non, quand j'aurais été son fils, je ne l'aurais pas plus parfaitement honoré. En vérité, je ne connais point d'homme plus droit, plus franc, plus généreux, plus respectable à tous égards que ce bon gentilhomme. Mais la bizarrerie de ses préjugés est étrange. Depuis qu'il est sûr que je ne saurais lui appartenir, il n'y a sorte d'honneur qu'il ne me fasse; et pourvu que je ne sois pas son gendre, il se mettrait volon-

---

(¹) Le père de Julie, qui avait refusé à Saint-Preux la main de sa fille.

tiers au-dessous de moi. La seule chose que je ne puis lui pardonner, c'est, quand nous sommes seuls, de railler quelquefois le prétendu philosophe sur ses anciennes leçons. Ces plaisanteries me sont amères, et je les reçois toujours fort mal ; mais il rit de ma colère, et dit : Allons tirer des grives, c'est assez pousser d'arguments. Puis il crie en passant : Claire, Claire, un bon souper à ton maître, car je vais lui faire gagner de l'appétit. En effet, à son âge il court les vignes avec son fusil tout aussi vigoureusement que moi, et tire incomparablement mieux. Ce qui me venge un peu de ses railleries, c'est que devant sa fille il n'ose plus souffler ; et la petite écolière n'en impose guère moins à son père même qu'à son précepteur. Je reviens à nos vendanges.

Depuis huit jours que cet agréable travail nous occupe, on est à peine à la moitié de l'ouvrage. Outre les vins destinés pour la vente et pour les provisions ordinaires, lesquels n'ont d'autre façon que d'être recueillis avec soin, la bienfaisante fée en prépare d'autres plus fins pour nos buveurs ; et j'aide aux opérations magiques dont je vous ai parlé, pour tirer d'un même vignoble des vins de tous les pays. Pour l'un, elle fait tordre la grappe quand elle est mûre et la laisse flétrir au soleil sur la souche ; pour l'autre, elle fait égrapper le raisin et trier les grains avant de les jeter dans la cuve ; pour un autre, elle fait cueillir avant le lever du soleil du raisin rouge, et le porter doucement sur le pressoir, couvert encore de sa fleur et de sa rosée, pour en exprimer du vin blanc. Elle prépare un vin de liqueur en mêlant dans les tonneaux du moût réduit en sirop sur le feu; un vin sec, en l'empêchant de cuver ; un vin d'absinthe pour l'estomac ; un vin muscat avec des simples. Tous ces vins différents ont leur apprêt particulier ; toutes ces préparations sont saines et naturelles: c'est ainsi qu'une économe industrie supplée à la diversité des terrains, et rassemble vingt climats en un seul.

Vous ne sauriez concevoir avec quel zèle, avec quelle gaîté tout cela se fait. On chante, on rit toute la journée, et le travail n'en va que mieux. Tout vit dans la plus grande familiarité ; tout le monde est égal, et personne ne s'oublie. Les dames sont sans airs, les paysannes sont décentes, les hommes badins et non grossiers. C'est à qui trouvera les meilleures chansons, à qui fera les meilleurs contes, à qui dira les meilleurs traits. L'union même engendre les folâtres querelles ; et l'on ne s'agace mutuellement que pour montrer combien on est sûr les uns des autres. On ne revient point ensuite faire chez soi les messieurs; on passe aux vignes toute la journée: Julie y a fait faire une loge où l'on va se chauffer quand on a froid, et dans laquelle on se réfugie en cas de pluie. On dîne avec les paysans et à leur heure, aussi bien qu'on travaille avec eux. On mange avec appétit leur soupe un peu grossière, mais bonne, saine, et chargée d'excellents légumes. On ne ricane point orgueilleusement de leur air gauche et de leurs compliments rustauds: pour les mettre à leur aise, on s'y prête sans affectation. Ces complaisances ne leur échappent pas: ils y sont sensibles; et voyant qu'on veut bien sortir pour eux de sa place, ils s'en tiennent d'autant plus volontiers dans la leur. A dîner, on amène les enfants, et ils passent le reste de la journée à la vigne. Avec quelle joie ces bons villageois les voient arriver! O bienheureux enfants! disent-ils en les pressant dans leurs bras robustes, que le bon Dieu prolonge vos jours aux dépens des nôtres! ressemblez à vos pères et mères, et soyez comme eux la bénédiction du pays! Souvent, en songeant que la plupart de ces hommes ont porté les armes, et savent manier l'épée et le mousquet aussi bien que la serpette et la houe, en voyant Julie au milieu d'eux si charmante et si respectée, recevoir, elle et ses enfants, leurs touchantes acclamations, je me rappelle l'illustre et vertueuse Agrippine montrant son fils aux troupes de Germanicus. Julie! femme incomparable! vous exercez dans la simplicité de la vie privée le despotique empire de la sagesse et des bienfaits: vous êtes pour tout le pays un dépôt cher et sacré que chacun voudrait défendre et conserver au prix de son sang; vous vivez plus sûrement, plus honorablement au milieu d'un peuple entier qui vous aime, que les rois entourés de tous leurs soldats.

Le soir, on revient gaîment tous ensemble. On nourrit et loge les ouvriers tout le temps de la vendange : et même le dimanche, après le prêche du soir, on se rassemble avec eux et l'on danse jusqu'au souper. Les autres jours on ne se sépare point non plus en rentrant au logis, hors le baron, qui ne soupe jamais et se couche de fort bonne heure, et Julie, qui monte avec ses enfants chez lui jusqu'à ce qu'il s'aille coucher.

Le lieu d'assemblée est une salle à l'antique avec une grande cheminée où l'on fait bon feu. La pièce est éclairée de trois lampes, auxquelles M. de Wolmar a seulement fait ajouter des capuchons de fer-blanc pour intercepter la fumée et réfléchir la lumière. Pour prévenir l'envie et les regrets, on tâche de ne rien étaler aux yeux de ces bonnes gens qu'ils ne puissent retrouver chez eux, de ne leur montrer d'autre opulence que le choix du bon dans les choses communes, et un peu plus de largesse dans la distribution. Le souper est servi sur deux longues tables. Le luxe et l'appareil des festins n'y sont pas, mais l'abondance et la joie y sont. Tout le monde se met à table, maîtres, journaliers, domestiques; chacun se lève indifféremment pour servir, sans exclusion, sans préférence, et le service se fait toujours avec grâce et avec plaisir. On boit à discrétion ; la liberté n'a point d'autres bornes que l'honnêteté. La présence de maîtres si respectés contient tout le monde, et n'empêche pas qu'on ne soit à son aise et gai. Que s'il arrive à quelqu'un de s'oublier, on ne trouble point la fête par des réprimandes, mais il est congédié sans rémission dès le lendemain.

Après le souper on veille encore une heure ou deux en teillant du chanvre: chacun dit sa chanson tour à tour. Quelquefois les vendangeuses chantent en chœur toutes ensemble, ou bien alternativement à voix seule et en refrain. La plupart de ces chansons sont de vieilles romances dont les airs ne sont pas piquants, mais ils ont je ne sais quoi d'antique et de doux qui touche à la longue. Les paroles sont simples, naïves, souvent tristes; elles plaisent pourtant.

Je trouve à ces veillées une sorte de charme que je ne puis vous expliquer, et qui m'est pourtant fort sensible. Cette réunion des différents états, la simplicité de cette occupation, l'idée de délassement, d'accord, de tranquillité, le sentiment de paix qu'elle porte à l'âme, a quelque chose d'attendrissant qui dispose à trouver ces chansons plus intéressantes. Ce concert de voix de femmes n'est pas non plus sans douceur. Pour moi, je suis convaincu que de toutes les harmonies il n'y en a point d'aussi agréable que le chant à l'unisson.

Il y a une grande émulation pour ce travail du soir aussi bien que pour celui de la journée ; et la filouterie que j'y voulais employer m'attira hier un petit affront. Comme je ne suis pas des plus adroits à teiller et que j'ai souvent des distractions, ennuyé d'être toujours noté pour avoir fait le moins d'ouvrage, je tirais doucement avec le pied des chenevottes de mes voisins pour grossir mon tas : mais cette impitoyable madame d'Orbe s'en étant aperçue, fit signe à Julie, qui, m'ayant pris sur le fait, me tança sévèrement : Monsieur le fripon, me dit-elle tout haut, point d'injustice, même en plaisantant ; c'est ainsi qu'on s'accoutume à devenir méchant tout de bon, et qui pis est, à plaisanter encore.

Voilà comment se passe la soirée. Quand l'heure de la retraite approche, madame de Wolmar dit : Allons tirer le feu d'artifice. A l'instant chacun prend son paquet de chenevottes, signe honorable de son travail, on les porte en triomphe au milieu de la cour, on les rassemble en un tas, on en fait un trophée ; on y met le feu : mais n'a pas cet honneur qui veut : Julie l'adjuge en présentant le flambeau à

celui ou celle qui a fait ce soir-là le plus d'ouvrage:
fût-ce elle-même, elle se l'attribue sans façon. L'auguste cérémonie est accompagnée d'acclamations et
de battements de mains. Les chenevottes font un
feu clair et brillant qui s'élève jusqu'aux nues, un
vrai feu de joie, autour duquel on saute, on rit.
Ensuite on offre à boire à toute l'assemblée: chacun
boit à la santé du vainqueur, et va se coucher content d'une journée passée dans le travail, la gaité,
l'innocence, et qu'on ne serait pas fâché de recommencer le lendemain, le surlendemain, et toute sa
vie.

Lettre de Claire d'Orbe à Julie.

J'ai bien des griefs, cousine, à la charge de ce
séjour. Le plus grave est qu'il me donne envie d'y
rester. La ville est charmante; les habitants sont
hospitaliers; les mœurs sont honnêtes; et la liberté,
que j'aime sur toutes choses, semble s'y être réfugiée. Plus je contemple ce petit état, plus je trouve
qu'il est beau d'avoir une patrie; et Dieu garde de
mal tous ceux qui pensent en avoir une, et n'ont

pourtant qu'un pays! Pour moi, je sens que si j'étais née dans celui-ci, j'aurais l'âme toute romaine.

Je ne te dirai rien de l'aspect du pays. Il ressemble au nôtre, excepté qu'il est moins montueux, plus champêtre, et qu'il n'a pas des chalets si voisins. Je ne te dirai rien non plus du gouvernement. Si Dieu ne t'aide, mon père t'en parlera de reste : il passe toute la journée à politiquer avec les magistrats dans la joie de son cœur ; et je le vois déjà très-mal édifié que la gazette parle si peu de Genève. Tu peux juger de leurs conférences par mes lettres. Quand ils m'excèdent, je me dérobe, et je t'ennuie pour me désennuyer.

Tout ce qui m'est resté de leurs longs entretiens, c'est beaucoup d'estime pour le grand sens qui règne en cette ville. A voir l'action et réaction mutuelles de toutes les parties de l'état qui le tiennent en équilibre, on ne peut douter qu'il n'y ait plus d'art et de vrai talent employés au gouvernement de cette petite république qu'à celui des plus vastes empires, où tout se soutient par sa propre masse, et où les rênes de l'Etat peuvent tomber entre les mains d'un sot sans que les affaires cessent d'aller. Je te réponds qu'il n'en serait pas de même ici. Je n'entends jamais parler à mon père de tous ces grands ministres des grandes cours sans songer à ce pauvre musicien qui barbouillait si fièrement sur notre grand orgue à Lausanne, et qui se croyait un fort habile homme, parce qu'il faisait beaucoup de bruit. Ces gens-ci n'ont qu'une petite épinette; mais ils en savent tirer une bonne harmonie, quoiqu'elle soit souvent assez mal d'accord.

Je ne te dirai rien non plus..... Mais à force de ne te rien dire, je ne finirais pas. Parlons de quelque chose pour avoir plus tôt fait. Le Genevois est de tous les peuples du monde celui qui cache le moins son caractère, et qu'on connaît le plus promptement. Ses mœurs, ses vices mêmes sont mêlés de franchise. Il se sent naturellement bon, et cela lui suffit pour ne pas craindre de se montrer tel qu'il est. Il a de la générosité, du sens, de la pénétration : mais il aime trop l'argent : défaut que j'attribue à sa situation, qui le lui rend nécessaire; car le territoire ne suffirait pas pour nourrir les habitants.

Il arrive de là que les Genevois, épars dans l'Europe pour s'enrichir, imitent les grands airs des étrangers, et, après avoir pris les vices du pays où ils ont vécu, les rapportent chez eux en triomphe avec leurs trésors. Ainsi le luxe des autres peuples leur fait mépriser leur antique simplicité : la fière liberté leur paraît ignoble : ils se forgent des fers d'argent, non comme une chaîne, mais comme un ornement.

Hé bien! ne me voilà-t-il pas encore dans cette

maudite politique? Je m'y perds, je m'y noie, j'en ai par-dessus la tête, je ne sais plus par où m'en tirer. Je n'entends parler ici d'autre chose, si ce n'est quand mon père n'est pas avec nous; ce qui n'arrive qu'aux heures des courriers. C'est nous, mon enfant, qui portons partout notre influence; car d'ailleurs les entretiens du pays sont utiles et variés, et l'on n'apprend rien de bon dans les livres qu'on ne puisse apprendre ici dans la conversation. Comme autrefois les mœurs anglaises ont pénétré jusqu'en ce pays, les hommes, y vivant encore un peu plus séparés des femmes que dans le nôtre, contractent entre eux un ton plus grave, et généralement plus de solidité dans leurs discours. Mais aussi cet avantage a son inconvénient qui se fait bientôt sentir. Des longueurs toujours excédantes, des arguments, des exordes, un peu d'apprêt, quelquefois des phrases, rarement de la légèreté, jamais de cette simplicité naïve qui dit le sentiment avant la pensée, et fait si bien valoir ce qu'elle dit. Au lieu que le Français écrit comme il parle, ceux-ci parlent comme ils écrivent; ils dissertent, au lieu de causer; on les croirait toujours prêts à soutenir thèse. Ils distinguent, ils divisent, ils traitent la conversation par points; ils mettent dans leurs propos la même méthode que dans leurs livres; ils sont auteurs, et toujours auteurs. Ils semblent lire en parlant, tant ils observent bien les étymologies, tant ils font sonner toutes les lettres avec soin. Ils articulent le *marc* du raisin comme *Marc* nom d'homme ; ils disent exactement du *taba-k*, et non pas du *taba* ; un *paresol*, et non pas un *parasol* ; *avan-t-hier*, et non pas *avan-hier* ; *secrétaire*, et non pas *segrétaire* ; un *lac d'amour* où l'on se noie, et non pas où l'on s'étrangle ; partout les *s* finales, partout les *r* des infinitifs ; enfin leur parler est toujours soutenu, leurs discours sont des harangues, et ils jasent comme s'ils prêchaient.

Ce qu'il y a de singulier, c'est qu'avec ce ton dogmatique et froid ils sont vifs, impétueux, et ont les passions très-ardentes : ils diraient même assez bien les choses de sentiment s'ils ne disaient pas tout, ou s'ils ne parlaient qu'à des oreilles ; mais leurs points, leurs virgules sont tellement insupportables ; ils peignent si posément des émotions si vives, que, quand ils ont achevé leur dire, on chercherait volontiers autour d'eux où est l'homme qui sent ce qu'ils ont décrit.

Au reste, il faut avouer que je suis un peu payée pour bien penser de leurs cœurs, et croire qu'ils ne sont pas de mauvais goût. Tu sauras en confidence qu'un joli monsieur à marier, et, dit-on, fort riche, m'honore de ses attentions, et qu'avec des propos assez tendres il ne m'a point fait chercher ailleurs l'auteur de ce qu'il me disait. Ah! s'il était venu il y a dix-huit mois, (¹) quel plaisir j'aurais pris à me donner un souverain pour esclave, et à faire tourner la tête à un magnifique seigneur ! (²) Mais à présent la mienne n'est plus assez droite pour que le jeu me soit agréable, et je sens que toutes mes folies s'en vont avec ma raison.

Je reviens à ce goût de lecture qui porte les Genevois à penser. Il s'étend à tous les états, et se fait sentir dans tous avec avantage. Le Français lit beaucoup; mais il ne lit que les livres nouveaux, ou plutôt il les parcourt moins pour les lire que pour dire qu'il les a lus. Le Genevois ne lit que les bons livres; il les lit, il les digère: il ne les juge pas, mais il les sait. Le jugement et le choix se font à Paris, les livres choisis sont presque les seuls qui vont à Genève. Cela fait que la lecture y est moins mêlée, et s'y fait avec plus de profit. Les femmes dans leur retraite lisent de leur côté; et leur ton s'en ressent aussi, mais d'une autre manière. Les belles madames y sont petites maîtresses et beaux esprits tout comme chez nous. Les petites citadines elles-mêmes prennent dans les livres un babil plus arrangé, et certain choix d'expressions qu'on est étonné d'en-

---

(¹) Avant le retour de Saint-Preux.
(²) Les membres du petit-conseil de Genève étaient appelés *magnifiques et souverains seigneurs*.

tendre sortir de leur bouche, comme quelquefois de celle des enfants. Il faut tout le bon sens des hommes, toute la gaîté des femmes, et tout l'esprit qui leur est commun, pour qu'on ne trouve pas les premiers un peu pédants et les autres un peu précieuses.

Hier, vis-à-vis de ma fenêtre, deux filles d'ouvriers, fort jolies, causaient devant leur boutique d'un air assez enjoué pour me donner de la curiosité. Je prêtai l'oreille, et j'entendis qu'une des deux proposait en riant d'écrire leur journal. Oui, reprit l'autre à l'instant; le journal tous les matins, et tous les soirs le commentaire. Qu'en dis-tu, cousine? Je ne sais si c'est là le ton des filles d'artisans; mais je sais qu'il faut faire un furieux emploi du temps pour ne tirer du cours des journées que le commentaire de son journal. Assurément la petite personne avait lu les aventures des *Mille et une nuits*.

Avec ce style un peu guindé, les Genevoises ne laissent pas d'être vives et piquantes, et l'on voit autant de grandes passions ici qu'en ville du monde. Dans la simplicité de leur parure, elles ont de la grâce et du goût: elles en ont dans leur entretien, dans leurs manières. Comme les hommes sont moins galants que tendres, les femmes sont moins coquettes que sensibles, et cette sensibilité donne même aux plus honnêtes un tour d'esprit agréable et fin qui va au cœur, et qui en tire toute sa finesse. Tant que les Genevoises seront Genevoises, elles seront les plus aimables femmes de l'Europe ; mais bientôt elles voudront être Françaises, et alors les Françaises vaudront mieux qu'elles.

Ainsi tout dépérit avec les mœurs. Le meilleur goût tient à la vertu même ; il disparaît avec elle, et fait place à un goût factice et guindé qui n'est plus que l'ouvrage de la mode. Le véritable esprit est presque dans le même cas. N'est-ce pas la modestie de notre sexe qui nous oblige d'user d'adresse pour repousser les agaceries des hommes ? et s'ils ont besoin d'art pour se faire écouter, nous en faut-il moins pour savoir ne les pas entendre ? N'est-ce pas eux qui nous délient l'esprit et la langue, qui nous rendent plus vives à la riposte, et nous forcent de nous moquer d'eux ? Car enfin, tu as beau dire, une certaine coquetterie maligne et railleuse désoriente encore plus les soupirants que le silence et le mépris. Quel plaisir de voir un beau Céladon, tout déconcerté, se confondre, se troubler, se perdre à chaque repartie ; de s'environner contre lui de traits moins brûlants, mais plus aigus que ceux de l'amour, de le cribler de pointes de glace qui piquent à l'aide du froid ! Toi-même, qui ne fais semblant de rien, crois-tu que tes manières naïves et tendres, ton air timide et doux, cachent moins de ruse et d'habileté que toutes mes étourderies? Ma foi, mignonne, s'il fallait compter les galants que chacune de nous a persiflés, je doute fort qu'avec ta mine hypocrite ce fût toi qui serais en reste. Je ne puis m'empêcher de rire encore en songeant à ce pauvre Conflans, qui venait tout en furie me reprocher que tu l'aimais trop. Elle est si caressante, me disait-il, que je ne sais de quoi me plaindre; elle me parle avec tant de raison, que j'ai honte d'en manquer devant elle; et je la trouve si fort mon amie, que je n'ose être son amant.

Je ne crois pas qu'il y ait nulle part au monde des époux plus unis et de meilleurs ménages que dans cette ville. La vie domestique y est agréable et douce. Les deux sexes gagnent de toutes manières à se donner des travaux et des amusements différents qui les empêchent de se rassasier l'un de l'autre, et font qu'ils se retrouvent avec plus de plaisir. Ainsi s'aiguise la volupté du sage: s'abstenir pour jouir, c'est ta philosophie; c'est l'épicuréisme de la raison.

Malheureusement cette antique modestie commence à décliner. On se rapproche, et les cœurs s'éloignent. Ici, comme chez nous, tout est mêlé de bien et de mal, mais à différentes mesures. Le Genevois tire ses vertus de lui-même; ses vices lui viennent d'ailleurs. Non-seulement il voyage beaucoup, mais il adopte aisément les mœurs et les manières des autres peuples ; il parle avec facilité toutes les langues ; il prend sans peine leurs divers accents, quoiqu'il ait lui-même un accent traînant très-sensible, surtout dans les femmes qui voyagent moins. Plus humble de sa petitesse que fier de sa liberté, il se fait chez les nations étrangères une honte de sa patrie ; il se hâte pour ainsi dire de se naturaliser dans le pays où il vit, comme pour faire oublier le sien : peut-être la réputation qu'il a d'être âpre au gain contribue-t-elle à cette coupable honte.

Quelque avide qu'il puisse être, on ne le voit guère aller à la fortune par des moyens serviles et bas ; il n'aime point s'attacher aux grands et ramper dans les cours. L'esclavage personnel ne lui est pas moins odieux que l'esclavage civil. Flexible et liant comme Alcibiade, il supporte aussi peu la servitude, et quand il se plie aux usages des autres, il les imite sans s'y assujettir. Le commerce, étant de tous les moyens de s'enrichir le plus compatible avec la liberté, est aussi celui que les Genevois préfèrent. Ils sont presque tous marchands ou banquiers ; et ce grand objet de leurs désirs leur fait souvent enfouir de rares talents que leur prodigua la nature. Ceci me ramène au commencement de ma lettre. Ils ont du génie et du courage ; ils sont vifs et pénétrants ; il n'y a rien d'honnête et de grand au-dessus de leur portée ; mais plus passionnés d'argent que de gloire, pour vivre dans l'abondance, ils meurent dans l'obscurité, et laissent à leurs enfants pour tout exemple l'amour des trésors qu'ils leur ont acquis.

Je tiens tout cela des Genevois mêmes ; car ils parlent d'eux fort impartialement. Pour moi, je ne sais comment ils sont chez les autres, mais je les trouve aimables chez eux, et je ne connais qu'un moyen de quitter sans regret Genève. Quel est ce moyen, cousine ? Oh, ma foi, tu as beau prendre ton air humble ; si tu dis ne l'avoir pas déjà deviné, tu mens. C'est après-demain que s'embarque la bande joyeuse dans un joli brigantin appareillé de fête : car nous avons choisi l'eau à cause de la saison, et pour demeurer tous rassemblés. Quand tu verras de loin briller des flammes, flotter des banderoles, quand tu entendras ronfler le canon, cours par toute la maison comme une folle, en criant : Armes ! armes ! voici les ennemis ! voici les ennemis !

IV

LETTRES

AU

MARÉCHAL DE LUXEMBOURG.

Motiers, le 20 janvier 1763.

Vous voulez, monsieur le maréchal, que je vous décrive le pays que j'habite. Mais comment faire? je ne sais voir qu'autant que je suis ému; les objets indifférents sont nuls à mes yeux; je n'ai de l'attention qu'à proportion de l'intérêt qui l'excite: et quel intérêt puis-je prendre à ce que je retrouve si loin de vous? Des arbres, des rochers, des maisons, des hommes même, sont autant d'objets isolés dont chacun en particulier donne peu d'émotion à celui qui le regarde: mais l'impression commune de tout cela, qui le réunit en un seul tableau, dépend de l'état où nous sommes en le contemplant. Ce tableau, quoique toujours le même, se peint d'autant de manières qu'il y a de dispositions différentes dans les cœurs des spectateurs; et ces différences, qui font celles de nos jugements, n'ont pas lieu seulement d'un spectateur à l'autre, mais dans le même en différents temps. C'est ce que j'éprouve bien sensiblement en revoyant ce pays que j'ai tant aimé. J'y croyais retrouver ce qui m'avait charmé dans ma jeunesse : tout est changé ; c'est un autre paysage, un autre air, un autre ciel, d'autres hommes ; et, ne voyant plus mes montagnons avec des yeux de vingt ans, je les trouve beaucoup vieillis. On regrette le bon temps d'autrefois ; je le crois bien : nous attribuons aux choses tout le changement qui s'est fait en nous ; et, lorsque le plaisir nous quitte, nous croyons qu'il n'est plus nulle part. D'autres voient les choses comme nous les avons vues, et les verront comme nous les voyons aujourd'hui. Mais ce sont des descriptions que vous me demandez, non des réflexions, et les miennes m'entraînent comme un vieux enfant qui regrette encore ses anciens jeux. Les diverses impressions que ce pays a faites sur moi à différents âges me font conclure que nos relations se rapportent toujours plus à nous qu'aux choses, et que, comme nous décrivons bien plus ce que nous sentons que ce qui est, il faudrait savoir comment était affecté l'auteur d'un voyage en l'écrivant, pour juger de combien ses peintures sont au deçà ou au delà du vrai. Sur ce principe ne vous étonnez pas de voir devenir aride et froid, sous ma plume, un pays jadis si verdoyant, si vivant, si riant, à mon gré ; vous sentirez trop aisément dans ma lettre en quel temps de ma vie et en quelle saison de l'année elle a été écrite.

Je sais, monsieur le maréchal, que, pour vous parler d'un village, il ne faut pas commencer par vous décrire toute la Suisse, comme si le petit coin que j'habite avait besoin d'être circonscrit d'un si grand espace. Il y a pourtant des choses générales qui ne se devinent point, et qu'il faut savoir pour juger des objets particuliers. Pour connaître Motiers, il faut avoir quelque idée du comté de Neuchâtel ; et pour connaître le comté de Neuchâtel, il faut en avoir de la Suisse entière.

Elle offre à peu près partout les mêmes aspects, des lacs, des prés, des bois, des montagnes ; et les Suisses ont aussi tous à peu près les mêmes mœurs, mêlées de l'imitation des autres peuples et de leur antique simplicité. Ils ont des manières de vivre qui ne changent point, parce qu'elles tiennent pour ainsi dire au sol, au climat, aux besoins divers, et qu'en cela les habitants sont toujours forcés de se conformer à ce que la nature des lieux leur prescrit. Telle est, par exemple, la distribution de leurs habitations, beaucoup moins réunies en villes et en bourgs qu'en France, mais éparses et dispersées çà et là sur le terrain avec beaucoup plus d'égalité. Ainsi, quoique la Suisse soit en général plus peuplée à proportion que la France, elle a de moins grandes villes et de moins gros villages ; en revanche, on y trouve partout des maisons : le village couvre toute la paroisse, et la ville s'étend sur tout le pays. La Suisse entière est comme une grande ville divisée en treize quartiers, dont les uns sont sur les vallées, d'autres sur les coteaux, d'autres sur les montagnes. Genève, Saint-Gall, Neuchâtel, sont comme les faubourgs : il y a des quartiers plus ou moins peuplés, mais tous le sont assez pour marquer qu'on est toujours dans la ville : seulement les maisons, au lieu d'être alignées, sont dispersées sans symétrie et sans ordre, comme on dit qu'étaient celles de l'ancienne Rome. On ne croit plus parcourir des déserts quand on trouve des clochers parmi les sapins, des troupeaux sur des rochers, des manufactures dans des précipices, des ateliers sur des torrents. Ce mélange bizarre a je ne sais quoi d'animé, de vivant, qui respire la liberté, le bien-être, et qui fera toujours du pays où il se trouve un spectacle unique en son genre, mais fait seulement pour des yeux qui sachent voir.

Cette égale distribution vient du grand nombre de petits états qui divise les capitales, de la rudesse du pays, qui rend les transports difficiles, et de la nature des productions, qui, consistant pour la plupart en pâturages, exige que la consommation s'en fasse sur les lieux mêmes, et tient les hommes aussi dispersés que les bestiaux. Voilà le plus grand avantage de la Suisse, avantage que ses habitants regardent peut-être comme un malheur, mais qu'elle tient d'elle seule, que rien ne peut lui ôter, qui, malgré eux, contient ou retarde le progrès du luxe et des mauvaises mœurs, et qui réparera toujours à la longue l'étonnante déperdition d'hommes qu'elle fait dans les pays étrangers.

Voilà le bien : voici le mal amené par ce bien même. Quand les Suisses, qui jadis vivant renfermés dans leurs montagnes se suffisaient à eux-mêmes, ont commencé à communiquer avec d'autres nations, ils ont pris goût à leur manière de vivre, et ont voulu l'imiter; ils se sont aperçus que l'argent était une bonne chose, et ils ont voulu en avoir : sans productions et sans industrie pour l'attirer, ils se sont mis en commerce eux-mêmes, ils se sont vendus en détail aux puissances ; ils ont acquis par là précisément assez d'argent pour sentir qu'ils étaient pauvres; les moyens de le faire circuler étant presque impossibles dans un pays qui ne produit rien et qui n'est pas maritime, cet argent leur a porté de nouveaux besoins sans augmenter leurs ressources. Ainsi leurs premières aliénations de troupes les ont forcés d'en faire de plus grandes et de continuer toujours. La vie étant devenue plus dévorante, le même pays n'a plus pu nourrir la même quantité d'habitants. C'est la raison de la dépopulation qu'on commence à sentir dans toute la Suisse. Elle nourrissait ses nombreux habitants quand ils ne sortaient pas de chez eux ; à présent qu'il en sort la moitié, à peine peut-elle nourrir l'autre.

Le pis est que de cette moitié qui sort il en rentre assez pour corrompre tout ce qui reste par l'imitation des usages des autres pays et surtout de la France, qui a plus de troupes suisses qu'aucune autre nation. Je dis *corrompre*, sans entrer dans la question si les mœurs françaises sont bonnes ou mauvaises en France, parce que cette question est hors de doute quant à la Suisse, et qu'il n'est pas possible que les mêmes usages conviennent à des peuples qui, n'ayant pas les mêmes ressources et n'habitant ni le même climat ni le même sol, seront toujours forcés de vivre différemment.

Le concours de ces deux causes, l'une bonne et l'autre mauvaise, se fait sentir en toutes choses : il rend raison de tout ce qu'on remarque de particulier dans les mœurs des Suisses, et surtout de ce contraste bizarre de recherche et de simplicité qu'on sent dans toutes leurs manières. Ils tournent à contre-sens tous les usages qu'ils prennent, non par faute d'esprit, mais par la force des choses. En transportant dans leurs bois les usages des grandes villes, ils les appliquent de la façon la plus comique : ils ne savent ce que c'est qu'habits de campagne ; ils sont parés dans leurs rochers comme ils l'étaient à Paris; ils portent sous leurs sapins tous les pompons du Palais-Royal, et j'en ai vu revenir de faire leurs foins en petite veste à falbala de mousseline. Leur délicatesse a toujours quelque chose de grossier, leur luxe a toujours quelque chose de rude. Ils ont des entremets, mais ils mangent du pain noir; ils servent des vins étrangers, et boivent de la piquette; des ragoûts fins accompagnent leur lard rance et leurs choux; ils vous offriront à déjeuner du café, du fromage; à goûter, du thé avec du jambon; les femmes ont de la dentelle et de fort gros linge, des robes de goût avec des bas de couleur: leurs valets, alternativement laquais et bouviers, ont l'habit de livrée en servant à table, et mêlent l'odeur de fumier à celle des mets.

Comme on ne jouit du luxe qu'en le montrant, il a rendu leur société plus familière sans leur ôter pourtant le goût de leurs demeures isolées. Personne ici n'est surpris de me voir passer l'hiver en campagne; mille gens du monde en font tout autant. On demeure donc toujours séparés; mais on se rapproche par de longues et fréquentes visites. Pour étaler sa parure et ses meubles il faut attirer ses voisins et les aller voir ; et comme ces voisins sont souvent assez éloignés, ce sont des voyages continuels: aussi jamais n'ai-je vu de peuple si allant que les Suisses; les Français n'en approchent pas. Vous ne rencontrez de toutes parts que voitures; il n'y a pas une maison qui n'ait la sienne, et les chevaux, dont la Suisse abonde, ne sont rien moins qu'inutiles dans le pays. Mais, comme ces courses ont souvent pour objet des visites de femmes, quand on monte à cheval, ce qui commence à devenir rare, on y monte en jolis bas blancs bien tirés, et l'on fait à peu près, pour courir la poste, la même toilette que pour aller au bal. Aussi rien n'est si brillant que les chemins de la Suisse; on y rencontre à tout moment de petits messieurs et de belles dames ; on n'y voit que bleu, vert, couleur de rose, on se croirait au jardin du Luxembourg.

Un effet de ce commerce est d'avoir presque ôté aux hommes le goût du vin; et un effet contraire de cette vie ambulante est d'avoir cependant rendu les cabarets fréquents et bons dans toute la Suisse. Je ne sais pas pourquoi l'on vante tant ceux de France: ils n'approchent sûrement pas de ceux-ci. Il est vrai qu'il y fait très-cher vivre ; mais cela est vrai aussi de la vie domestique, et cela ne saurait être autrement dans un pays qui produit peu de denrées, et où l'argent ne laisse pas de circuler.

Les trois seules marchandises qui leur en aient fourni jusqu'ici sont les fromages, les chevaux et les hommes ; mais depuis l'introduction du luxe ce commerce ne leur suffit plus, et ils y ont ajouté celui des manufactures, dont ils sont redevables aux réfugiés français : ressource qui cependant a plus d'apparence que de réalité ; car comme la cherté des denrées augmente avec les espèces, et que la culture de la terre se néglige quand on gagne davantage à d'autres travaux, avec plus d'argent, ils n'en sont pas plus riches, ce qui se voit par la comparaison avec les Suisses catholiques, qui, n'ayant pas la même ressource, sont plus pauvres d'argent et ne vivent pas moins bien.

Il est fort singulier qu'un pays si rude, et dont les habitants sont si enclins à sortir, leur inspire pourtant un amour si tendre, que le regret de l'avoir quitté les y ramène presque tous à la fin, et que ce regret donne à ceux qui n'y peuvent revenir une maladie quelquefois mortelle, qu'ils appellent, je crois, le *heimweh*. Il y a dans la Suisse un air célèbre appelé le ranz des vaches, que les bergers sonnent sur leurs cornets, et dont ils font retentir tous les coteaux du pays. Cet air, qui est peu de chose en lui-même, mais qui rappelle aux Suisses mille idées relatives au pays natal, leur fait verser des torrents de larmes quand ils l'entendent en terre étrangère. Il en a même fait mourir de douleur un si grand nombre, qu'il a été défendu, par ordonnance du roi, de jouer le ranz des vaches dans les troupes suisses. Mais, monsieur le maréchal, vous savez peut-être tout cela mieux que moi, et les réflexions que ce fait présente ne vous auront pas échappé. Je ne puis m'empêcher de remarquer seulement que la France est assurément le meilleur pays du monde, où toutes les commodités et tous les agréments de la vie concourent au bien-être des habitants. Cependant il n'y a jamais eu, que je sache, de heimweh ni de ranz des vaches qui fît pleurer et mourir de regret un Français en pays étranger : et cette maladie diminue beaucoup chez les Suisses depuis qu'on vit plus agréablement dans leur pays.

Les Suisses en général sont justes, officieux, charitables, amis solides, braves soldats, et bons citoyens, mais intrigants, défiants, jaloux, curieux, avares, et leur avarice contient plus leur luxe que ne fait leur simplicité. Ils sont ordinairement graves et flegmatiques, mais ils sont furieux dans la colère, et leur joie est une ivresse. Je n'ai rien vu de si gai que leurs jeux. Il est étonnant que le peuple français danse tristement, languissamment, de mauvaise grâce et que les danses suisses soient sautillantes et vives. Les hommes y montrent leur vigueur naturelle, et les filles ont une légèreté charmante : on dirait que la terre leur brûle les pieds.

Les Suisses sont adroits et rusés dans les affaires : les Français qui les jugent grossiers sont bien moins déliés qu'eux ; ils jugent de leur esprit par leur accent. La cour de France a toujours voulu leur envoyer des gens fins, et s'est toujours trompée. A ce genre d'escrime, ils battent communément les Français : mais envoyez-leur des gens droits et fermes, vous ferez d'eux ce que vous voudrez, car naturellement ils vous aiment. Le marquis de Bonac, qui avait tant d'esprit, mais qui passait pour adroit, n'a rien fait en Suisse; et jadis le maréchal de Bassompierre y faisait tout ce qu'il voulait parce qu'il était franc, ou qu'il passait chez eux pour l'être. Les Suisses négocieront toujours avec avantage, à moins qu'ils ne soient vendus par leurs magistrats, attendu qu'ils peuvent mieux se passer d'argent que les puissances ne peuvent se passer d'hommes; car, pour votre blé, quand ils voudront ils n'en auront pas besoin. Il faut avouer aussi que s'ils font bien leurs traités, ils les exécutent encore mieux : fidélité qu'on ne se pique pas de leur rendre.

Je ne vous dirai rien, monsieur le maréchal, de leur gouvernement et de leur politique, parce que cela me mènerait trop loin, et que je ne veux vous parler que de ce que j'ai vu. Quant au comté de Neuchâtel où j'habite, vous savez qu'il appartient au roi de Prusse. Cette petite principauté, après avoir été démembrée du royaume de Bourgogne et passé successivement dans les maisons de Châlons, d'Hochberg et de Longueville, tomba enfin, en 1707, dans celle de Brandebourg par la décision des États du pays, juges naturels des droits des prétendants.

Tout ce que je viens de remarquer des Suisses, en général, caractérise encore plus fortement ce peuple-ci; et le contraste du naturel et de l'imitation s'y fait encore mieux sentir, avec cette différence pourtant que le naturel a moins d'étoffe, et qu'à quelque petit coin près la dorure couvre tout le fond. Le pays, si l'on excepte la ville et les bords du lac, est aussi rude que le reste de la Suisse : la vie y est aussi rustique; et les habitants, accoutumés à vivre sous des princes, s'y sont encore plus affectionnés aux grandes manières; de sorte qu'on trouve ici du jargon, des airs, dans tous les états; de beaux parleurs labourant les champs, et des courtisans en souquenille : aussi appelle-t-on les Neuchâtelois les Gascons de la Suisse. Ils ont de l'esprit, et ils se piquent de vivacité; ils lisent, et la lecture leur profite : les paysans mêmes sont instruits, ils ont presque tous un petit recueil de livres choisis qu'ils appellent leur bibliothèque; ils sont même assez au courant pour les nouveautés ; ils font valoir tout cela dans la conversation d'une manière qui n'est point gauche, et ils ont presque le ton du jour comme s'ils vivaient à Paris. Il y a quelque temps qu'en me promenant je m'arrêtai devant une maison où des filles faisaient de la dentelle; la mère berçait un petit enfant, et je la regardais faire, quand je vis sortir de la cabane un gros paysan, qui m'abordant d'un air aisé, me dit : « Vous voyez qu'on ne suit pas trop bien vos préceptes; (1) mais nos femmes tiennent autant aux vieux préjugés qu'elles aiment les nouvelles modes. » Je tombai des nues. J'ai entendu parmi ces gens-là cent propos du même ton.

Beaucoup d'esprit et encore plus de prétention, mais sans aucun goût, voilà ce qui m'a d'abord frappé chez les Neuchâtelois. Ils parlent très-bien, très-aisément ; mais ils écrivent platement et mal, surtout quand ils veulent écrire légèrement, et ils le veulent toujours. Comme ils ne savent pas même en quoi consiste la grâce et le sel du style léger, lorsqu'ils ont enfilé des phrases lourdement sémillantes, ils se croient autant de Voltaire et de Crébillon. Ils ont une manière de journal dans lequel ils s'efforcent d'être gentils et badins. Ils y fourrent même de petits vers de leur façon. Madame la maréchale trouverait sinon de l'amusement, au moins de l'occupation dans ce Mercure, car c'est

(1) Allusion à un passage de l'*Émile :* « Je suis persuadé qu'il n'est jamais nécessaire de bercer les enfants, et que cet usage leur est souvent pernicieux. »

d'un bout à l'autre un logogriphe qui demande un meilleur Œdipe que moi.

C'est à peu près le même habillement que dans le canton de Berne, mais un peu plus contourné. Les hommes se mettent assez à la française; et c'est ce que les femmes voudraient bien faire aussi: mais comme elles ne voyagent guère, ne prenant pas comme eux les modes de la première main, elles les outrent, les défigurent; et chargées de pretintailles et de falbalas, elles semblent parées de guenilles.

Quant à leur caractère, il est difficile d'en juger, tant il est offusqué de manières: ils se croient polis parce qu'ils sont façonniers, et gais parce qu'ils sont turbulents. Je crois qu'il n'y a que les Chinois au monde qui puissent l'emporter sur eux à faire des compliments. Arrivez-vous fatigué, pressé, n'importe, il faut d'abord prêter le flanc à la longue bordée; tant que la machine est montée elle joue, et elle se remonte toujours à chaque arrivant. La politesse française est de mettre les gens à leur aise, et même de s'y mettre aussi : la politesse neuchâteloise est de gêner et soi-même et les autres. Ils ne consultent jamais ce qui vous convient, mais ce qui peut étaler leur prétendu savoir-vivre. Leurs offres exagérées ne tentent point; elles ont toujours je ne sais quel air de formule, je ne sais quoi de sec et d'apprêté, qui vous invite au refus. Ils sont pourtant obligeants, officieux, hospitaliers très-réellement, surtout pour les gens de qualité : on est toujours sûr d'être accueilli d'eux en se donnant pour marquis ou comte : et comme une ressource aussi facile ne manque pas aux aventuriers, ils en ont souvent dans leur ville, qui pour l'ordinaire y sont très-fêtés : un simple honnête homme avec des malheurs et des vertus ne le serait pas de même ; on peut y porter un grand nom sans mérite, mais non pas un grand mérite sans nom. Du reste, ceux qu'ils servent une fois, ils les servent bien. Ils sont fidèles à leurs promesses, et n'abandonnent pas aisément leurs protégés. Il se peut même qu'ils soient aimants et sensibles ; mais rien n'est plus éloigné du ton du sentiment que celui qu'ils prennent ; tout ce qu'ils font par humanité semble être fait par ostentation, et leur vanité cache leur bon cœur.

Cette vanité est leur vice dominant, elle perce partout, et d'autant plus aisément qu'elle est maladroite. Ils se croient tous gentilshommes, quoique leurs souverains ne fussent que des gentilshommes eux-mêmes. Ils aiment la chasse, moins par goût que parce que c'est un amusement noble. Enfin jamais on ne vit des bourgeois si pleins de leur naissance : ils ne la vantent pourtant pas, mais on voit qu'ils s'en occupent ; ils n'en sont pas fiers, ils n'en sont qu'entêtés.

Au défaut de dignités et de titres de noblesse, ils ont des titres militaires ou municipaux en telle abondance, qu'il y a plus de gens titrés que de gens qui ne le sont pas. C'est M. le colonel, M. le major, M. le capitaine, M. le lieutenant, M. le conseiller, M. le châtelain, M. le maire, M. le justicier, M. le professeur, M. le docteur, M. l'ancien: si j'avais pu reprendre ici mon ancien métier, je ne doute pas que je n'y fusse M. le copiste. Les femmes portent aussi les titres de leurs maris: madame la conseillère, madame la ministre; j'ai pour voisine madame la major; et comme on n'y nomme les gens que par leurs titres, on est embarrassé comment dire aux gens qui n'ont que leur nom; c'est comme s'ils n'en avaient point.

Le sexe n'y est pas beau: on dit qu'il a dégénéré. Les filles ont beaucoup de liberté, et en font usage. Elles se rassemblent souvent en sociétés, où l'on joue, où l'on goûte, où l'on babille, et où l'on attire tant qu'on peut les jeunes gens: mais par malheur ils sont rares, et il faut se les arracher. Les femmes vivent assez sagement: il y a dans le pays d'assez bons ménages, et il y en aurait bien davantage si c'était un air de bien vivre avec son mari. Du reste, vivant beaucoup en campagne, lisant moins et avec moins de fruit que les hommes, elles n'ont pas l'esprit fort orné; et dans le désœuvrement de leur vie, elles n'ont d'autre ressource que de faire de la dentelle, d'épier curieusement les affaires des autres, de médire et de jouer. Il y en a pourtant de fort aimables, mais en général on ne trouve pas dans leur entretien ce ton que la décence et l'honnêteté même rendent séducteur, ce ton que les Françaises savent si bien prendre quand elles veulent, qui montre du sentiment, de l'âme, et qui promet des héroïnes de roman. La conversation des Neuchâteloises est aride ou badine; elle tarit sitôt qu'on ne plaisante pas. Les deux sexes ne manquent pas de bon naturel; et je crois que ce n'est pas un peuple sans mœurs, mais c'est un peuple sans principes, et le mot de vertu y est aussi étranger ou aussi ridicule qu'en Italie. La religion dont ils se piquent sert plutôt à les rendre hargneux que bons. Guidés par leur clergé, ils épilogueront sur le dogme; mais pour la morale, ils ne savent ce que c'est; car quoiqu'ils parlent beaucoup de charité, celle qu'ils ont n'est assurément pas l'amour du prochain, c'est seulement l'affectation de donner l'aumône. Un chrétien pour eux est un homme qui va au prêche tous les dimanches; quoi qu'il fasse dans l'intervalle, il n'importe pas. Leurs ministres, qui se sont acquis un grand crédit sur le peuple, tandis que leurs princes étaient catholiques, voudraient conserver ce crédit en se mêlant de tout, en chicanant sur tout, en étendant à tout la juridiction de l'Eglise : ils ne voient pas que leur temps est passé. Cependant ils viennent encore d'exciter dans l'état une fermentation qui achèvera de les perdre. L'importante affaire dont il s'agissait était de savoir si les peines des damnés étaient éternelles. Vous auriez peine à croire avec quelle chaleur cette dispute a été agitée; celle du jansénisme en France n'en a pas approché. Tous les corps assemblés, les peuples prêts à prendre les armes, ministres destitués, magistrats interdits, tout marquait les approches d'une guerre civile: et cette affaire n'est pas tellement finie qu'elle ne puisse laisser de longs souvenirs. Quand ils se seraient tous arrangés pour aller en enfer, ils n'auraient pas plus de souci de ce qui s'y passe.

Voilà les principales remarques que j'ai faites jusqu'ici sur les gens du pays où je suis. Elles vous paraîtraient peut-être un peu dures pour un homme qui parle de ses hôtes, si je vous laissais ignorer que je ne leur suis redevable d'aucune hospitalité. Ce n'est point à messieurs de Neuchâtel que je suis venu demander un asile qu'ils ne m'auraient sûrement pas accordé, c'est à milord Maréchal, (1) et je ne suis ici que chez le roi de Prusse. Au con-

---

(1) George Keith, maréchal héréditaire d'Ecosse, avait été nommé par le roi de Prusse gouverneur du comté de Neuchâtel.

traire, à mon arrivée sur les terres de la principauté, le magistrat de la ville de Neuchâtel s'est, pour tout accueil, dépêché de défendre mon livre sans le connaître; la Classe des ministres l'a déféré de même au Conseil d'Etat : on n'a jamais vu de gens plus pressés d'imiter les sottises de leurs voisins. Sans la protection déclarée de milord Maréchal, on ne m'eût sûrement point laissé en paix dans ce village. Tant de bandits se réfugient dans le pays, que ceux qui le gouvernent ne savent pas distinguer des malfaiteurs poursuivis les innocents opprimés, ou se mettent peu en peine d'en faire la différence. La maison que j'habite appartient à une nièce de mon vieux ami M. Roguin. Aussi, loin d'avoir nulle obligation à messieurs de Neuchâtel, je n'ai qu'à m'en plaindre. D'ailleurs, je n'ai pas mis le pied dans leur ville, ils me sont étrangers à tous égards; je ne leur dois que justice en parlant d'eux, et je la leur rends.

Je la rends de meilleur cœur encore à ceux d'entre eux qui m'ont comblé de caresses, d'offres, de politesses de toute espèce. Flatté de leur estime et touché de leurs bontés, je me ferai toujours un devoir et un plaisir de leur marquer mon attachement et ma reconnaissance ; mais l'accueil qu'ils m'ont fait n'a rien de commun avec le gouvernement neuchâtelois, qui m'en eût fait un bien différent s'il en eût été le maître. Je dois dire encore que si la mauvaise volonté du corps des ministres n'est pas douteuse, j'ai beaucoup à me louer en particulier de celui dont j'habite la paroisse. Il me vint voir à mon arrivée, il me fit mille offres de services qui n'étaient point vaines, comme il me l'a prouvé dans une occasion essentielle où il s'est exposé à la mauvaise humeur de plus d'un de ses confrères pour s'être montré vrai pasteur envers moi. Je m'attendais d'autant moins de sa part à cette justice, qu'il avait joué dans les précédentes brouilleries un rôle qui n'annonçait pas un ministre tolérant. C'est au surplus un homme assez gai dans la société, qui ne manque pas d'esprit, qui fait quelquefois d'assez bons sermons, et souvent de fort bons contes.

Je m'aperçois que cette lettre est un livre, et je n'en suis encore qu'à la moitié de ma relation. Je vais, monsieur le maréchal, vous laisser reprendre haleine, et remettre le second tome à une autre fois.

Motiers, le 28 janvier 1763.

Il faut, monsieur le maréchal, avoir du courage pour décrire en cette saison le lieu que j'habite. Des cascades, des glaces, des rochers nus, des sapins noirs, couverts de neige, sont les objets dont je suis entouré ; et à l'image de l'hiver, le pays ajoutant l'aspect de l'aridité, ne promet, à le voir, qu'une description fort triste : aussi a-t-il l'air assez nu en toute saison, mais il est presque effrayant dans celle-ci. Il faut donc vous le représenter comme je l'ai trouvé en y arrivant, et non comme je le vois aujourd'hui, sans quoi l'intérêt que vous prenez à moi m'empêcherait de vous en rien dire.

Figurez-vous donc un vallon d'une bonne demi-lieue de large, et d'environ deux lieues de long, au milieu duquel passe une petite rivière appelée la Reuse, dans la direction du nord-ouest au sud-est. Ce vallon, formé par deux chaînes de montagnes qui sont des branches du Mont-Jura et qui se resserrent par les deux bouts, reste pourtant assez ouvert pour laisser voir au loin ses prolongements, lesquels, divisés en rameaux par les bras des montagnes, offrent plusieurs belles perspectives. Ce vallon, appelé le Val-de-Travers, du nom d'un village qui est à son extrémité orientale, est garni de quatre ou cinq autres villages à peu de distance les uns des autres. Celui de Motiers, qui forme le milieu, est dominé par un vieux château désert, dont le voisinage et la situation solitaire et sauvage m'attirent souvent dans mes promenades du matin, d'autant plus que je puis sortir de ce côté par une porte de derrière sans passer par la rue ni devant aucune maison. On dit que les bois et les rochers qui environnent ce château sont fort remplis de vipères : cependant ayant beaucoup parcouru tous les environs, et m'étant assis à toutes sortes de places, je n'en ai point vu jusqu'ici.

Outre ces villages, on voit vers le bas des montagnes plusieurs maisons éparses qu'on appelle des *prises*, dans lesquelles on tient des bestiaux, et dont plusieurs sont habitées par les propriétaires, la plupart paysans. Il y en a une entre autres à mi-côte nord, par conséquent exposée au midi, sur une terrasse naturelle, dans la plus admirable position que j'aie jamais vue, et dont le difficile accès m'eût rendu l'habitation très-commode. J'en fus si tenté, que dès la première fois je m'étais presque arrangé avec le propriétaire pour y loger; mais on m'a depuis tant dit de mal de cet homme, qu'aimant encore mieux la paix et la sûreté qu'une demeure agréable, j'ai pris le parti de rester où je suis. La maison que j'occupe est dans une moins belle position, mais elle est grande, assez commode ; elle a une galerie extérieure, où je me promène dans les mauvais temps ; et, ce qui vaut mieux que tout le reste, c'est un asile offert par l'amitié.

La Reuse a sa source au-dessus d'un village appelé Saint-Sulpice, à l'extrémité occidentale du vallon ; elle en sort au village de Travers, à l'autre extrémité, où elle commence à se creuser un lit, qui devient bientôt précipice, et la conduit enfin dans le lac de Neuchâtel. Cette Reuse est une très-jolie rivière, claire et brillante comme de l'argent, où les truites ont bien de la peine à se cacher dans les touffes d'herbes. On la voit sortir tout d'un coup de terre à sa source, non point en petite fontaine ou ruisseau, mais toute grande et déjà rivière, comme la fontaine de Vaucluse, en bouillonnant à travers les rochers. Comme cette source est fort enfoncée dans les roches escarpées d'une montagne, on y est toujours à l'ombre ; et la fraîcheur continuelle, le bruit, les chutes, le cours de l'eau, m'attirant l'été à travers ces roches brûlantes, me font souvent mettre en nage pour aller chercher le frais près de ce murmure, ou plutôt près de ce fracas, plus flatteur à mon oreille que celui de la rue Saint-Martin.

L'élévation des montagnes qui forment le vallon

n'est pas excessive, mais le vallon même est montagne, étant fort élevé au-dessus du lac : et le lac, ainsi que le sol de toute la Suisse, est encore extrêmement élevé sur les pays de plaines, élevés à leur tour au-dessus du niveau de la mer. On peut juger sensiblement de la pente totale par le long et rapide cours des rivières, qui, des montagnes de Suisse, vont se rendre les unes dans la Méditerranée et les autres dans l'Océan. Ainsi quoique la Reuse traversant le vallon soit sujette à de fréquents débordements qui font des bords de son lit une espèce de marais, on n'y sent point le marécage, l'air n'y est point humide et malsain, la vivacité qu'il tire de son élévation l'empêchant de rester longtemps chargé de vapeurs grossières; les brouillards, assez fréquents les matins, cèdent pour l'ordinaire à l'action du soleil à mesure qu'il s'élève.

Comme entre les montagnes et les vallées la vue est toujours réciproque, celle dont je jouis ici dans un fond n'est pas moins vaste que celle que j'avais sur les hauteurs de Montmorency, mais elle est d'un autre genre: elle ne flatte pas, elle frappe, elle est plus sauvage que riante ; l'art n'y étale pas ses beautés, mais la majesté de la nature en impose; et quoique le parc de Versailles soit plus grand que ce vallon, il ne paraîtrait qu'un colifichet en sortant d'ici. Au premier coup d'œil, le spectacle, tout grand qu'il est, semble un peu nu ; on voit très-peu d'arbres dans la vallée ; ils y viennent mal et ne donnent presque aucun fruit ; l'escarpement des montagnes, étant très-rapide, montre en divers endroits le gris des rochers ; le noir des sapins coupe ce gris d'une nuance qui n'est pas riante, et ces sapins si grands, si beaux quand on est dessous, ne paraissent au loin que des arbrisseaux ; ne promettent ni l'asile ni l'ombre qu'ils donnent : le fond du vallon, presque au niveau de la rivière, semble n'offrir à ses deux bords qu'un large marais où l'on ne saurait marcher ; la réverbération des rochers n'annonce pas, dans un lieu sans arbres, une promenade bien fraîche quand le soleil luit ; sitôt qu'il se couche, il laisse à peine un crépuscule, et la hauteur des monts, interceptant toute la lumière, fait passer presque à l'instant du jour à la nuit.

Mais, si la première impression de tout cela n'est pas agréable, elle change insensiblement par un examen plus détaillé ; et, dans un pays où l'on croyait avoir tout vu du premier coup d'œil, on se trouve avec surprise environné d'objets chaque jour plus intéressants. Si la promenade de la vallée est un peu uniforme, elle est en revanche extrêmement commode ; tout y est du niveau le plus parfait, les chemins y sont unis comme des allées de jardin, les bords de la rivière offrent par places de larges pelouses d'un plus beau vert que les gazons du Palais-Royal, et l'on s'y promène avec délices le long de cette belle eau, qui dans le vallon prend un cours paisible en quittant ses cailloux et ses rochers, qu'elle retrouve au sortir du Val-de-Travers. On a proposé de planter ses bords de saules et de peupliers, pour donner, durant la chaleur du jour, de l'ombre au bétail désolé par les mouches. Si jamais ce projet s'exécute, les bords de la Reuse deviendront aussi charmants que ceux du Lignon, et il ne leur manquera plus que des Astrées, des Silvandres, et un d'Urfé.

Comme la direction du vallon coupe obliquement le cours du soleil, la hauteur des monts jette toujours de l'ombre par quelque côté sur la plaine; de sorte qu'en dirigeant ses promenades, et choisissant ses heures, on peut aisément faire à l'abri du soleil tout le tour du vallon. D'ailleurs ces mêmes montagnes, interceptant ses rayons, font qu'il se lève tard et se couche de bonne heure, en sorte qu'on n'en est pas longtemps brûlé. Nous avons presque ici la clef de l'énigme du ciel de trois aunes.(1) et il est certain que les maisons qui sont près de la

(1) Allusion à ces vers de Virgile *Egl.*, III, 104 et 105 :

Dic quibus in terris, et eris mihi magnus Apollo,
Tres pateat coeli spatium non amplius ulnas.

source de la Reuse n'ont pas trois heures de soleil, même en été.

Lorsqu'on quitte le bas du vallon pour se promener à mi-côte, comme nous fîmes une fois, monsieur le maréchal, le long des Champeaux, du côté d'Andilly, on n'a pas une promenade aussi commode; mais cet agrément est bien compensé par la variété des sites et des points de vue, par les découvertes que l'on fait sans cesse autour de soi, par les jolis réduits qu'on trouve dans les gorges des montagnes, où le cours des torrents qui descendent dans la vallée, les hêtres qui les ombragent, les coteaux qui les entourent, offrent des asiles verdoyants et frais, quand on suffoque à découvert. Ces réduits, ces petits vallons, ne s'aperçoivent pas tant qu'on regarde au loin les montagnes, et cela joint à l'agrément du lieu celui de la surprise lorsqu'on vient tout d'un coup à les découvrir. Combien de fois je me suis figuré, vous suivant à la promenade et tournant autour d'un rocher aride, vous voir surpris et charmé de retrouver des bosquets pour les dryades, où vous n'auriez cru trouver que des antres et des ours!

Tout le pays est plein de curiosités naturelles qu'on ne découvre que peu à peu, et qui, par ces découvertes successives, lui donnent chaque jour l'attrait de la nouveauté. La botanique offre ici ses trésors à qui saurait les connaître ; et souvent en voyant autour de moi cette profusion de plantes rares, je les foule à regret sous le pied d'un ignorant. Il est pourtant nécessaire d'en connaître une pour se garantir de ses terribles effets ; c'est le napel. Vous voyez une très-belle plante, haute de trois pieds, garnie de jolies fleurs bleues, qui vous donnent envie de la cueillir ; mais à peine l'a-t-on gardée quelques minutes, qu'on se sent saisi de maux de tête, de vertiges, d'évanouissements, et l'on périrait si l'on ne jetait promptement ce funeste bouquet. Cette plante a souvent causé des accidents à des enfants et à d'autres gens qui ignoraient sa pernicieuse vertu. Pour les bestiaux, ils n'en approchent jamais et ne broutent pas même l'herbe qui l'entoure. Les faucheurs l'extirpent autant qu'ils peuvent ; quoi qu'on fasse, l'espèce en reste, et je ne laisse pas d'en voir beaucoup en me promenant sur les montagnes : mais on l'a détruite à peu près dans le vallon.

A une petite lieue de Motiers, dans la seigneurie de Travers, est une mine d'asphalte, qu'on dit qui s'étend sous tout le pays : les habitants lui attribuent modestement la gaîté dont ils se vantent, et qu'ils prétendent se transmettre même à leurs bestiaux. Voilà sans doute une belle vertu de ce minéral ; mais pour en pouvoir sentir l'efficace, il ne faut pas avoir quitté le château de Montmorency.

Au-dessus de ce même village de Travers, il se fit, il y a deux ans, une avalanche considérable, et de la façon du monde la plus singulière. Un homme qui habite au pied de la montagne avait son champ devant sa fenêtre, entre la montagne et sa maison. Un matin, qui suivit une nuit d'orage, il fut bien surpris, en ouvrant sa fenêtre, de trouver un bois à la place de son champ ; le terrain, s'éboulant tout d'une pièce, avait recouvert son champ des arbres d'un bois qui était au-dessus ; et cela, dit-on, fait entre les deux propriétaires le sujet d'un procès. L'espace que l'avalanche a mis à nu est fort grand et paraît de loin ; mais il faut en approcher pour juger de la force de l'éboulement, de l'étendue du creux, et de la grandeur des rochers qui ont été transportés. Ce fait récent et certain rend croyable ce que dit Pline d'une vigne qui avait été ainsi transportée d'un côté du chemin à l'autre. Mais rapprochons-nous de mon habitation.

J'ai vis-à-vis de mes fenêtres une superbe cascade qui, du haut de la montagne, tombe par l'escarpement d'un rocher dans le vallon, avec un bruit qui se fait entendre au loin, surtout quand les eaux sont grandes. Cette cascade est très en vue ; mais ce qui ne l'est pas de même est une grotte à côté de son bassin, de laquelle l'entrée est difficile, mais qu'on trouve au-dedans assez espacée, éclairée par une fenêtre naturelle, cintrée en tiers-point, et décorée d'un ordre d'architecture qui n'est ni toscan, ni dorique, mais l'ordre de la nature, qui sait mettre des proportions et de l'harmonie dans ses ouvrages les moins réguliers. Instruit de la situation de cette grotte, je m'y rendis seul l'été dernier pour la contempler à mon aise. L'extrême sécheresse me donna la facilité d'y entrer par une ouverture enfoncée et très-surbaissée, en me traînant sur le ventre, car la fenêtre est trop haute pour qu'on puisse y passer sans échelle. Quand je fus au dedans, je m'assis sur une pierre, et je me mis à contempler avec ravissement cette superbe salle dont les ornements sont des quartiers de roches diversement situés, et formant la décoration la plus riche que j'aie jamais vue, si du moins on peut appeler ainsi celle qui montre la plus grande puissance, celle qui attache et intéresse, celle qui fait penser, qui élève l'âme, celle qui force l'homme à oublier sa petitesse pour ne penser qu'aux œuvres de la nature. Des divers rochers qui meublent cette caverne, les uns détachés et tombés de la voûte, les autres encore pendants et diversement situés, marquent tous dans cette mine naturelle l'effet de quelque explosion terrible dont la cause paraît difficile à imaginer, car même un tremblement de terre ou un volcan n'expliquerait pas cela d'une manière satisfaisante. Dans le fond de la grotte, qui va en s'élevant de même que sa voûte, on monte sur une espèce d'estrade, et de là par une pente assez roide, sur un rocher qui mène de biais à un enfoncement très-obscur par où l'on pénètre sous la montagne. Je n'ai point été jusque là, ayant trouvé devant moi un trou large et profond qu'on ne saurait franchir qu'avec une planche. D'ailleurs, vers le haut de cet enfoncement et presque à l'entrée de la galerie souterraine, est un quartier de rocher très-imposant : car, suspendu presque en l'air, il porte à faux par un de ses angles, et penche tellement en avant, qu'il semble se détacher et partir pour écraser le spectateur. Je ne doute pas cependant qu'il ne soit dans cette situation depuis bien des siècles, et qu'il n'y reste encore plus longtemps : mais ces sortes d'équilibres auxquels les yeux ne sont pas faits, ne laissent pas de causer quelque inquiétude, et quoiqu'il fallût peut-être des forces immenses pour ébranler ce rocher qui paraît si prêt à tomber, je craindrais d'y toucher du bout du doigt, et ne voudrais pas plus rester dans la direction de sa chute que sous l'épée de Damoclès.

La galerie souterraine à laquelle cette grotte sert de vestibule ne continue pas d'aller en montant ; mais elle prend sa pente un peu vers le bas, et suit la même inclinaison dans tout l'espace qu'on a jusqu'ici parcouru. Des curieux s'y sont engagés à diverses fois avec des domestiques, des flambeaux, et tous les secours nécessaires; mais il faut du courage pour pénétrer loin dans cet effroyable lieu et de la vigueur pour ne pas s'y trouver mal. On est allé jusqu'à près de demi-lieue, en ouvrant le passage où il est trop étroit, et sondant avec précaution les gouffres et fondrières qui sont à droite et à gauche: mais on prétend, dans le pays, qu'on peut aller par le même souterrain à plus de deux lieues jusqu'à l'autre côté de la montagne, où l'on dit qu'il aboutit du côté du lac, non loin de l'embouchure de la Reuse.

Au-dessous du bassin de la même cascade est une autre grotte plus petite dont l'abord est embarrassé de plusieurs grands cailloux et quartiers de roche qui paraissent avoir été entraînés là par les eaux. Cette grotte-ci n'étant pas si praticable que l'autre, n'a pas de même tenté les curieux. Le jour que j'en examinai l'ouverture, il faisait une chaleur insupportable; cependant il en sortait un vent si vif et si froid, que je n'osai rester longtemps à l'entrée, et toutes les fois que j'y suis retourné, j'ai toujours senti le même vent : ce qui me fait juger qu'elle a une communication plus immédiate et moins embarrassée que l'autre.

A l'ouest de la vallée, une montagne la sépare en deux branches; l'une fort étroite, où sont le village de Saint-Sulpice, la source de la Reuse, et le chemin de Pontarlier. Sur ce chemin, l'on voit encore une grosse chaîne, scellée dans le rocher et mise là jadis par les Suisses pour fermer de ce côté-là le passage aux Bourguignons.

L'autre branche, plus large, et à gauche de la première, mène par le village de Butte à un pays perdu appelé la *Côte aux Fées,* qu'on aperçoit de loin parce qu'il va en montant. Ce pays n'étant sur aucun chemin, passe pour très-sauvage, et en quelque sorte pour le bout du monde. Aussi prétend-on que c'était autrefois le séjour des fées, et le nom lui en est resté : on y voit encore leur salle d'assemblée dans une troisième caverne qui porte aussi leur nom, et qui n'est pas moins curieuse que les précédentes. Je n'ai pas vu cette grotte aux Fées parce qu'elle est assez loin d'ici; mais on dit qu'elle était superbement ornée, et l'on y voyait encore, il n'y a pas longtemps, un trône et des siéges très-bien taillés dans le roc. Tout cela a été gâté et ne paraît presque plus aujourd'hui. D'ailleurs, l'entrée de la grotte est presque entièrement bouchée par les décombres, par les broussailles; et la crainte des serpents et des bêtes venimeuses rebute les curieux d'y vouloir pénétrer. Mais si elle eût été praticable encore et dans sa première beauté, et que madame la maréchale eût passé dans ce pays, je suis sûr qu'elle eût voulu voir cette grotte singulière.

Plus j'examine en détail l'état et la position de ce vallon, plus je me persuade qu'il a jadis été sous l'eau ; que ce qu'on appelle aujourd'hui le Val-de-Travers fut autrefois un lac formé par la Reuse, la cascade, et d'autres ruisseaux, et contenu par les montagnes qui l'environnent, de sorte que je ne doute point que je n'habite l'ancienne demeure des poissons: en effet, le sol du vallon est si parfaitement uni, qu'il n'y a qu'un dépôt formé par les eaux qui puisse l'avoir ainsi nivelé. Le prolongement du vallon, loin de descendre, monte le long du cours de la Reuse ; de sorte qu'il a fallu des temps infinis à cette rivière pour se caver, dans les abîmes qu'elle forme, un cours en sens contraire à l'inclinaison du terrain. Avant ces temps, contenue de ce côté, de même que de tous les autres, et forcée de refluer sur elle-même, elle dut enfin remplir le vallon jusqu'à la hauteur de la première grotte que j'ai décrite, par laquelle elle trouva ou s'ouvrit un écoulement dans la galerie souterraine qui lui servait d'aqueduc.

Le petit lac demeura donc constamment à cette hauteur jusqu'à ce que, par quelques ravages, fréquents aux pieds des montagnes, dans les grandes eaux, des pierres ou graviers embarrassèrent tellement le canal, que les eaux n'eurent plus un cours suffisant pour leur écoulement. Alors s'étant extrêmement élevées, et agissant avec une grande force contre les obstacles qui les retenaient, elles s'ouvrirent enfin quelque issue par le côté le plus faible et le plus bas. Les premiers filets échappés ne cessant de creuser et de s'agrandir, et le niveau du lac baissant à proportion, à force de temps, le vallon dut enfin se trouver à sec. Cette conjecture, qui m'est venue en examinant la grotte où l'on voit des traces sensibles du cours de l'eau, s'est confirmée premièrement par le rapport de ceux qui ont été dans la galerie souterraine, et qui m'ont dit avoir trouvé des eaux croupissantes dans les creux des fondrières dont j'ai parlé; elle s'est confirmée encore dans les pèlerinages que j'ai faits à quatre lieues d'ici pour aller voir milord Maréchal à sa campagne au bord du lac, et où je suivais, en montant la montagne, la rivière qui descendait à côté de moi par des profondeurs effrayantes, que, selon toute apparence, elle n'a pas trouvées toutes faites, et qu'elle n'a pas non plus creusées en un jour. Enfin j'ai pensé que l'asphalte, qui n'est qu'un bitume durci, était encore un indice d'un pays longtemps imbibé par les eaux. Si j'osais croire que ces folies pussent vous amuser, je tracerais sur le papier une espèce de plan qui pût vous éclaircir tout cela ; mais il faut attendre qu'une saison plus favorable et un peu de relâche à mes maux me laissent en état de parcourir le pays.

On peut vivre ici puisqu'il y a des habitants. On y trouve même les principales commodités de la vie, quoique un peu moins facilement qu'en France. Les denrées y sont chères, parce que le pays en produit peu et qu'il est fort peuplé, surtout depuis qu'on y a établi des manufactures de toile peinte, et que les travaux d'horlogerie et de dentelle s'y multiplient. Pour y avoir du pain mangeable, il faut le faire chez soi; la viande y est mauvaise, non que le pays n'en produise de bonne, mais tout le bœuf va à Genève ou à Neuchâtel, et l'on ne tue ici que de la vache. La rivière fournit d'excellente truite, mais si délicate, qu'il faut la manger sortant de l'eau. Le vin vient de Neuchâtel, et il est très-bon, surtout le rouge: pour moi, je m'en tiens au blanc, bien moins violent, à meilleur marché, et selon moi beaucoup plus sain. Point de volaille, peu de gibier, point de fruit, pas même des pommes; seulement des fraises bien parfumées, en abondance, et qui durent longtemps. Le laitage y est excellent; les eaux y sont claires et légères: ce n'est pas pour moi une chose indifférente que de bonne eau, et je me sentirai longtemps du mal que m'a fait celle de Montmorency. J'ai sous ma fenêtre une très-belle fontaine dont le bruit fait une de mes délices. Ces fontaines, qui sont élevées et taillées en colonnes ou en obélisques, et coulent par des tuyaux de fer dans de grands bassins, sont un des ornements de la Suisse. Il n'y a si chétif village qui n'en ait au moins deux ou trois; les maisons écartées ont presque chacune la sienne, et l'on en trouve même sur les chemins pour la commodité des passants, hommes et bestiaux. Je ne saurais exprimer combien l'aspect de toutes ces belles eaux coulantes est agréable au milieu des rochers et des bois durant les chaleurs; l'on est déjà rafraîchi par la vue, et l'on est tenté d'en boire sans avoir soif.

Voilà, monsieur le maréchal, de quoi vous former quelque idée du séjour que j'habite, et auquel vous voulez bien prendre intérêt. Je dois l'aimer comme le seul lieu de la terre où la vérité ne soit pas un crime, ni l'amour du genre humain une impiété. Les habitants du lieu m'y montrent de la bienveillance et ne me traitent point en proscrit. Comment pourrais-je n'être pas touché des bontés qu'on m'y témoigne, moi qui dois tenir à bienfait de la part des hommes tout le mal qu'ils ne me font pas? Accoutumé à porter depuis si longtemps les pesantes chaînes de la nécessité, je passerais ici sans regret le reste de ma vie, si j'y pouvais voir quelquefois ceux qui me la font encore aimer.

V

L'ILE DE SAINT-PIERRE

De toutes les habitations où j'ai demeuré (et j'en ai eu de charmantes), aucune ne m'a rendu si véritablement heureux et ne m'a laissé de si tendres regrets que l'île de Saint-Pierre au milieu du lac de Bienne. Cette petite île, qu'on appelle à Neuchâtel l'île de La Motte, est bien peu connue, même en Suisse. Aucun voyageur, que je sache, n'en fait mention. Cependant elle est très-agréable, et singulièrement située pour le bonheur d'un homme qui aime à se circonscrire; car, quoique je sois peut-être le seul au monde à qui sa destinée en ait fait une loi, je ne puis croire être le seul qui ait un goût si naturel, quoique je ne l'aie trouvé jusqu'ici chez nul autre.

Les rives du lac de Bienne sont plus sauvages et romantiques que celles du lac de Genève, parce que les rochers et les bois y bordent l'eau de plus près; mais elles ne sont pas moins riantes. S'il y a moins de culture de champs et de vignes, moins de villes et de maisons, il y a aussi plus de verdure naturelle, plus de prairies, d'asiles ombragés de bocages, des contrastes plus fréquents et des accidents plus rapprochés. Comme il n'y a pas sur ces heureux bords de grandes routes commodes pour les voitures, le pays est peu fréquenté par les voyageurs ; mais il est intéressant pour des contemplatifs solitaires qui aiment à s'enivrer à loisir des charmes de la nature, et à se recueillir dans un silence que ne trouble aucun autre bruit que le cri des aigles, le ramage entrecoupé de quelques oiseaux, et le roulement des torrents qui tombent de la montagne. Ce beau bassin, d'une forme presque ronde, enferme dans son milieu deux petites îles, l'une habitée et cultivée, d'environ une demi-lieue de tour ; l'autre plus petite, déserte et en friche, et qui sera détruite à la fin par les transports de la terre qu'on en ôte sans cesse pour réparer les dégâts que les vagues et les orages font à la grande. C'est ainsi que la substance du faible est toujours employée au profit du puissant.

Il n'y a dans l'île qu'une seule maison, mais grande, agréable et commode, qui appartient à l'hôpital de Berne, ainsi que l'île, et où loge un receveur avec sa famille et ses domestiques. Il y entretient une nombreuse basse-cour, une volière et des réservoirs pour le poisson. L'île, dans sa petitesse, est tellement variée dans ses terrains et ses aspects, qu'elle offre toutes sortes de sites, et souffre toutes sortes de cultures. On y trouve des champs, des vignes, des bois, des vergers, de gras pâturages ombragés de bosquets, et bordés d'arbrisseaux de toute espèce, dont le bord des eaux entretient la fraîcheur; une haute terrasse plantée de deux rangs d'arbres borde l'île dans sa longueur, et dans le milieu de cette terrasse on a bâti un joli salon où les habitants des rives voisines se rassemblent et viennent danser les dimanches durant les vendanges.

C'est dans cette île que je me réfugiai après la lapidation de Motiers. J'en trouvai le séjour si charmant, j'y menais une vie si convenable à mon humeur, que, résolu d'y finir mes jours, je n'avais d'autre inquiétude sinon qu'on ne me laissât pas exécuter ce projet. J'aurais voulu qu'on m'eût fait de cet asile une prison perpétuelle, qu'on m'y eût confiné pour toute ma vie, et qu'en m'ôtant toute puissance et tout espoir d'en sortir on m'eût interdit toute espèce de communication avec la terre ferme, de sorte qu'ignorant tout ce qui se faisait dans le monde, j'en eusse oublié l'existence, et qu'on y eût oublié la mienne aussi.

On ne m'a laissé passer guère que deux mois dans cette île, mais j'y aurais passé deux ans, deux siècles et toute l'éternité, sans m'y ennuyer un moment, quoique je n'y eusse, avec ma compagne, d'autre société que celle du receveur, de sa femme et de ses domestiques, qui tous étaient à la vérité de très-bonnes gens, et rien de plus; mais c'étaient précisément ce qu'il me fallait. Je compte ces deux mois pour le temps le plus heureux de ma vie, et tellement heureux, qu'il m'eût suffi, durant toute mon existence, sans laisser naître un seul instant dans mon âme le désir d'un autre état.

Quel était donc ce bonheur, et en quoi consistait sa jouissance? Je le donnerais à deviner à tous les hommes de ce siècle sur la description de la vie que j'y menais. Le précieux *far niente* fut la première et la principale de ces jouissances que je voulus savourer dans toute sa douceur, et tout ce que je fis durant mon séjour ne fut en effet que l'occupation délicieuse et nécessaire d'un homme qui s'est dévoué à l'oisiveté.

L'espoir qu'on ne demanderait pas mieux que de me laisser dans ce séjour isolé où je m'étais enlacé de moi-même, dont il m'était impossible de sortir sans assistance et sans être bien aperçu, et où je ne pouvais avoir ni communication ni correspondance que par le concours des gens qui m'entouraient, cet espoir, dis-je, me donnait celui d'y finir mes jours plus tranquillement que je ne les avais passés; et l'idée que j'aurais le temps de m'y arranger tout à loisir fit que je commençai par n'y faire aucun arrangement. Transporté là brusquement, seul et nu, j'y fis venir successivement ma gouvernante, mes livres et mon petit équipage, dont j'eus le plaisir de ne rien déballer, laissant mes caisses et mes malles comme elles étaient arrivées, et vivant dans l'habitation où je comptais achever mes jours, comme dans une auberge dont j'aurais dû partir le lendemain. Toutes choses, telles qu'elles étaient, allaient si bien, que vouloir les mieux ranger était y gâter quelque chose. Un de mes plus grands délices était surtout de laisser toujours mes livres bien encaissés, et de n'avoir point d'écritoire. Quand de malheureuses lettres me forçaient de prendre la plume pour y répondre, j'empruntais en murmurant l'écritoire du receveur, et je me hâtais de la rendre, dans la vaine espérance de n'avoir plus besoin de la remprunter. Au lieu de ces tristes paperasses, et de toute cette bouquinerie, j'emplissais ma chambre de fleurs et de foin, car j'étais alors dans ma première ferveur de botanique, pour laquelle le docteur d'Ivernois m'avait inspiré un goût qui bientôt devint passion. Ne voulant plus d'œuvre de travail, il m'en fallait une d'amusement qui me plût, et qui ne me donnât de peine que celle qu'aime à prendre un paresseux. J'entrepris de faire la *Flora petrinsularis*, et de décrire toutes les plantes de l'île, sans en omettre une seule, avec un détail suffisant pour m'occuper le reste de mes jours. On dit qu'un

Allemand a fait un livre sur un zeste de citron; j'en aurais fait un sur chaque gramen des prés, sur chaque mousse des bois, sur chaque lichen qui tapisse les rochers; enfin je ne voulais pas laisser un poil d'herbe, pas un atome végétal qui ne fût amplement décrit. En conséquence de ce beau projet, tous les matins, après le déjeuner, que nous faisions tous ensemble, j'allais, une loupe à la main, et mon *Systema naturæ* sous le bras, visiter un canton de l'île, que j'avais pour cet effet divisée en petits carrés, dans l'intention de les parcourir l'un après l'autre en chaque saison. Rien n'est plus singulier que les ravissements, les extases que j'éprouvais à chaque observation que je faisais sur la structure et l'organisation végétale, et sur le jeu des parties sexuelles dans la fructification, dont le système était alors tout à fait nouveau pour moi. La distinction des caractères génériques, dont je n'avais pas auparavant la moindre idée, m'enchantait en les vérifiant sur les espèces communes, en attendant qu'il s'en offrît à moi de plus rares. La fourchure des deux longues étamines de la brunelle, le ressort de celles de l'ortie et de la pariétaire, l'explosion du fruit de la balsamine et de la capsule du buis, mille petits jeux de la fructification, que j'observais pour la première fois, me comblaient de joie, et j'allais demandant si l'on avait vu les cornes de la brunelle, comme Lafontaine demandait si l'on avait lu Baruch. Au bout de deux ou trois heures, je m'en revenais chargé d'une ample moisson, provision d'amusement pour l'après-dînée au logis, en cas de pluie. J'employais le reste de la matinée à aller avec le receveur, sa femme et Thérèse, visiter leurs ouvriers et leur récolte, mettant le plus souvent la main à l'œuvre avec eux ; et souvent des Bernois qui me venaient voir m'ont trouvé juché sur de grands arbres, ceint d'un sac que je remplissais de fruits, et que je dévalais ensuite à terre avec une corde. L'exercice que j'avais fait dans la matinée, et la bonne humeur qui en est inséparable me rendaient le repos du dîner très-agréable; mais quand il se prolongeait trop, et que le beau temps m'invitait, je ne pouvais si longtemps attendre, et pendant qu'on était encore à table, je m'esquivais et j'allais me jeter seul dans un bateau que je conduisais au milieu du lac quand l'eau était calme; et là, m'étendant tout de mon long dans le bateau, les yeux tournés vers le ciel, je me laissais aller et dériver lentement au gré de l'eau, quelquefois pendant plusieurs heures, plongé dans mille rêveries confuses, mais délicieuses, et qui, sans avoir aucun objet bien déterminé ni constant, ne laissaient pas d'être à mon gré cent fois préférables à tout ce que j'avais trouvé de plus doux dans ce qu'on appelle les plaisirs de la vie. Souvent averti par le baisser du soleil de l'heure de la retraite, je me trouvais si loin de l'île, que j'étais forcé de travailler de toute ma force pour arriver avant la nuit close. D'autres fois, au lieu de m'écarter en pleine eau, je me plaisais à côtoyer les verdoyantes rives de l'île, dont les limpides eaux et les ombrages frais m'ont souvent engagé à m'y baigner. Mais une de mes navigations les plus fréquentes était d'aller de la grande à la petite île, d'y débarquer, et d'y passer l'après-dînée, tantôt à des promenades très-circonscrites au milieu des marceaux, des bourdaines, des persicaires, des arbrisseaux de toute espèce, et tantôt m'établissant au sommet d'un tertre sablonneux, couvert de gazon, de serpolet, de fleurs, même d'esparcette et de trèfles qu'on y avait vraisemblablement semés autrefois, et très-propres à loger des lapins, qui pouvaient là multiplier en paix, sans rien craindre et sans nuire à rien. Je donnai cette idée au receveur, qui fit venir de Neuchâtel des lapins mâles et femelles, et nous allâmes en grande pompe, sa femme, une de ses sœurs, Thérèse et moi, les établir dans la petite île, où ils commençaient à peupler avant mon départ, et où ils auront prospéré sans doute, s'ils ont pu soutenir la rigueur des hivers. La fondation de cette petite colonie fut une fête. Le pilote des Argonautes n'était pas plus fier que moi menant en triomphe la compagnie et les lapins de la grande île à la petite, et je notai avec orgueil que la receveuse, qui redoutait l'eau à l'excès, et s'y trouvait toujours mal, s'embarqua sous ma conduite avec confiance, et ne montra nulle peur durant la traversée.

Quand le lac agité ne me permettait pas la navigation, je passais mon après-midi à parcourir l'île, en herborisant à droite et à gauche ; m'asseyant tantôt dans les réduits les plus riants et les plus solitaires pour y rêver à mon aise, tantôt sur les terrasses et les tertres, pour parcourir des yeux le superbe et ravissant coup d'œil du lac et de ses rivages, couronnés d'un côté par des montagnes prochaines, et de l'autre élargis en riches et fertiles plaines, dans lesquelles la vue s'étendait jusqu'aux montagnes bleuâtres plus éloignées qui la bornaient.

Quand le soir approchait, je descendais des cimes de l'île, et j'allais volontiers m'asseoir au bord du lac, sur la grève, dans quelque asile caché ; là, le bruit des vagues et l'agitation de l'eau, fixant mes sens et chassant de mon âme toute autre agitation, la plongeaient dans une rêverie délicieuse, où la nuit me surprenait souvent sans que je m'en fusse aperçu. Le flux et reflux de cette eau, son bruit continu, mais renflé par intervalles, frappant sans relâche mon oreille et mes yeux, suppléaient aux mouvements internes que la rêverie éteignait en moi, et suffisaient pour me faire sentir avec plaisir mon existence sans prendre la peine de penser. De temps à autre naissait quelque faible et courte réflexion sur l'instabilité des choses de ce monde, dont la surface des eaux m'offrait l'image ; mais bientôt ces impressions légères s'effaçaient dans l'uniformité du mouvement continu qui me berçait, et qui, sans aucun concours actif de mon âme, ne laissait pas de m'attacher au point qu'appelé par l'heure et par le signal convenu, je ne pouvais m'arracher de là sans efforts.

Après le souper, quand la soirée était belle, nous allions encore tous ensemble faire quelque tour de promenade sur la terrasse, pour y respirer l'air du lac et la fraîcheur. On se reposait dans le pavillon, on riait, on causait, on chantait quelque vieille chanson qui valait bien le tortillage moderne, et enfin l'on s'allait coucher content de sa journée, et n'en désirant qu'une semblable pour le lendemain.

Telle est, laissant à part les visites imprévues et importunes, la manière dont j'ai passé mon temps dans cette île, durant le séjour que j'y ai fait. Qu'on me dise à présent ce qu'il y a là d'assez attrayant pour exciter dans mon cœur des regrets si vifs, si tendres et si durables, qu'au bout de quinze ans il m'est impossible de songer à cette habitation chérie sans m'y sentir à chaque fois transporter encore par les élans du désir.

J'ai remarqué dans les vicissitudes d'une longue vie que les époques des plus douces jouissances et des plaisirs les plus vifs ne sont pourtant pas celles dont le souvenir m'attire et me touche le plus. Ces courts moments de délire et de passion, quelque vifs qu'ils puissent être, ne sont cependant, et par leur vivacité même, que des points bien clair-semés dans la ligne de la vie. Ils sont trop rares et trop rapides pour constituer un état ; et le bonheur que mon cœur regrette n'est point composé d'instants fugitifs, mais un état simple et permanent, qui n'a rien de vif en lui-même, mais dont la durée accroît le charme, au point d'y trouver enfin la suprême félicité.

Tout est dans un flux continuel sur la terre. Rien n'y garde une forme constante et arrêtée, et nos affections qui s'attachent aux choses extérieures passent et changent nécessairement comme elles. Toujours en avant ou en arrière de nous, elles rappellent le passé qui n'est plus, ou préviennent l'avenir qui souvent ne doit point être : il n'y a rien là de solide à quoi le cœur se puisse attacher. Aussi n'a-t-on guère ici-bas que du plaisir qui passe ; pour le bonheur qui dure, je doute qu'il y soit connu. A peine est-il, dans nos plus vives jouissances, un instant où le cœur puisse véritablement nous dire : *Je voudrais que cet instant durât toujours.*

Et comment peut-on appeler bonheur un état fugitif qui nous laisse encore le cœur inquiet et vide, qui nous fait regretter quelque chose avant, ou désirer encore quelque chose après ?

Mais s'il est un état où l'âme trouve une assiette assez solide pour s'y reposer tout entière, et rassembler là tout son être, sans avoir besoin de rappeler le passé ni d'enjamber sur l'avenir, où le temps ne soit rien pour elle, où le présent dure toujours, sans néanmoins marquer sa durée et sans aucune trace de succession, sans aucun autre sentiment de privation ni de jouissance, de plaisir ni de peine, de désir ni de crainte que celui seul de notre existence, et que ce sentiment seul puisse la remplir tout entière ; tant que cet état dure, celui qui s'y trouve peut s'appeler heureux, non d'un bonheur imparfait, pauvre et relatif, tel que celui qu'on trouve dans les plaisirs de la vie, mais d'un bonheur suffisant, parfait et plein, qui ne laisse dans l'âme aucun vide qu'elle sente le besoin de remplir. Tel est l'état où je me suis souvent trouvé à l'île de Saint-Pierre dans mes rêveries solitaires, soit couché dans mon bateau que je laissais dériver au gré de l'eau, soit assis sur les rives du lac agité, soit ailleurs, au bord d'une belle rivière ou d'un ruisseau murmurant sur le gravier.

De quoi jouit-on dans une pareille situation? De

rien d'extérieur à soi, de rien sinon de soi-même et de sa propre existence; tant que cet état dure, on se suffit à soi-même, comme Dieu. Le sentiment de l'existence dépouillé de toute autre affection est par lui-même un sentiment précieux de contentement et de paix, qui suffirait seul pour rendre cette existence chère et douce à qui saurait écarter de soi toutes les impressions sensuelles et terrestres qui viennent sans cesse nous en distraire et en troubler ici-bas la douceur. Mais la plupart des hommes agités de passions continuelles connaissent peu cet état, et ne l'ayant goûté qu'imparfaitement durant peu d'instants n'en conservent qu'une idée obscure et confuse, qui ne leur en fait pas sentir le charme. Il ne serait pas même bon dans la présente constitution des choses, qu'avides de ces douces extases ils s'y dégoûtassent de la vie active dont leurs besoins toujours renaissants leur prescrivent le devoir. Mais un infortuné qu'on a retranché de la société humaine, et qui ne peut plus rien faire ici-bas d'utile et de bon pour autrui ni pour soi, peut trouver, dans cet état, à toutes les félicités humaines des dédommagements que la fortune et les hommes ne lui sauraient ôter.

Il est vrai que ces dédommagements ne peuvent être sentis par toutes les âmes ni dans toutes les situations. Il faut que le cœur soit en paix, et qu'aucune passion n'en vienne troubler le calme. Il y faut des dispositions de la part de celui qui les éprouve; il en faut dans le concours des objets environnants. Il n'y faut ni un repos absolu ni trop d'agitation, mais un mouvement uniforme et modéré, qui n'ait ni secousses ni intervalles. Sans mouvement la vie n'est qu'une léthargie. Si le mouvement est inégal ou trop fort, il réveille; en nous rappelant aux objets environnants, il détruit le charme de la rêverie, et nous arrache d'au dedans de nous, pour nous remettre à l'instant sous le joug de la fortune et des hommes, et nous rendre au sentiment de nos malheurs. Un silence absolu porte à la tristesse. Il offre une image de la mort : alors le secours d'une imagination riante est nécessaire, et se présente assez naturellement à ceux que le ciel en a gratifiés. Le mouvement qui ne vient pas du dehors se fait alors au dedans de nous. Le repos est moindre, il est vrai, mais il est aussi plus agréable quand de légères et douces idées, sans agiter le fond de l'âme, ne font pour ainsi dire qu'en effleurer la surface. Il n'en faut qu'assez pour se souvenir de soi-même en oubliant tous ses maux. Cette espèce de rêverie peut se goûter partout où l'on peut être tranquille, et j'ai souvent pensé qu'à la Bastille, et même dans un cachot où nul objet n'eût frappé ma vue, j'aurais encore pu rêver agréablement.

Mais il faut avouer que cela se faisait bien mieux et plus agréablement dans une île fertile et solitaire, naturellement circonscrite et séparée du reste du monde, où rien ne m'offrait que des images riantes; où rien ne me rappelait des souvenirs attristants; où la société du petit nombre d'habitants était liante et douce, sans être intéressante au point de m'occuper incessamment; où je pouvais enfin me livrer tout le jour, sans obstacles et sans soins, aux occupations de mon goût ou à la plus molle oisiveté. L'occasion sans doute était belle pour un rêveur, qui, sachant se nourrir d'agréables chimères au milieu des objets les plus déplaisants, pouvait s'en rassasier à son aise en y faisant concourir tout ce qui frappait réellement ses sens. En sortant d'une longue et douce rêverie, me voyant entouré de verdure, de fleurs, d'oiseaux, et laissant errer mes yeux au loin sur les romanesques rivages qui bordaient une vaste étendue d'eau claire et cristalline, j'assimilais à mes fictions tous ces aimables objets; et, me trouvant enfin ramené par degrés à moi-même et à ce qui m'entourait, je ne pouvais marquer le point de séparation des fictions aux réalités, tant tout concourait également à me rendre chère la vie recueillie et solitaire que je menais dans ce beau séjour ! Que ne peut-elle renaître encore ! Que ne puis-je aller finir mes jours dans cette île chérie, sans en ressortir jamais, ni jamais y revoir aucun habitant du continent qui me rappelât le souvenir des calamités de toute espèce qu'ils se plaisent à rassembler sur moi depuis tant d'années! Ils seraient bientôt oubliés pour jamais: sans doute ils ne m'oublieraient pas de même ; mais que m'importerait, pourvu qu'ils n'eussent aucun accès pour y venir troubler mon repos? Délivré de toutes les passions terrestres qu'engendre le tumulte de la vie sociale, mon âme s'élancerait fréquemment au-dessus de cette atmosphère, et commercerait d'avance avec les intelligences célestes, dont elle espère aller augmenter le nombre dans peu de temps. Les hommes se garderont, je le sais, de me rendre un si doux asile, où ils n'ont pas voulu me laisser. Mais ils ne m'empêcheront pas du moins de m'y transporter chaque jour sur les ailes de l'imagination, et d'y goûter durant quelques heures le même plaisir que si je l'habitais encore. Ce que j'y ferais de plus doux serait d'y rêver à mon aise. En rêvant que j'y suis ne fais-je pas la même chose? Je fais même plus: à l'attrait d'une rêverie abstraite et monotone je joins des images charmantes qui la vivifient. Leurs objets échappaient souvent à mes sens dans mes extases ; et maintenant plus ma rêverie est profonde, plus elle me les peint vivement. Je suis souvent plus au milieu d'eux, et plus agréablement encore, que quand j'y étais réellement. Le malheur est qu'à mesure que l'imagination s'attiédit, cela vient avec plus de peine, et ne dure pas si longtemps. Hélas! c'est quand on commence à quitter sa dépouille qu'on en est le plus offusqué!

VI

LA VIEILLESSE DE JEAN-JACQUES

PAR

BERNARDIN DE SAINT-PIERRE

Au mois de juin de 1772, un ami m'ayant proposé de me mener chez J.-J. Rousseau, il me conduisit dans une maison rue Platrière, à peu près vis-à-vis de l'hôtel de la Poste. Nous montâmes au quatrième étage. Nous frappâmes et madame Rousseau vint nous ouvrir la porte. Elle nous dit : « Entrez, Messieurs, vous allez trouver mon mari. » Nous traversâmes une fort petite antichambre, où des ustensiles de ménage étaient proprement arrangés ; de là nous entrâmes dans une chambre où J.-J. Rousseau était assis en redingote et en bonnet blanc, occupé à copier de la musique. Il se leva d'un air riant, nous présenta des chaises, et se remit à son travail, en se livrant toutefois à la conversation.

Il était maigre, et d'une taille moyenne. Une de ses épaules paraissait plus élevée que l'autre, soit que ce fût l'effet d'un défaut naturel, ou de l'attitude qu'il prenait dans son travail, ou de l'âge qui l'avait voûté, car il avait alors soixante ans ; d'ailleurs il était fort bien proportionné. Il avait le teint brun, quelques couleurs aux pommettes des joues, la bouche belle, le nez très-bien fait, le front rond et élevé, les yeux pleins de feu. Les traits obliques qui tombent des narines vers les extrémités de la bouche, et qui caractérisent la physionomie, exprimaient dans la sienne une grande sensibilité, et quelque chose même de douloureux. On remarquait dans son visage trois ou quatre caractères de la mélancolie, par l'enfoncement des yeux et par l'affaissement des sourcils; de la tristesse profonde par les rides du front; une gaieté très-vive et même un peu caustique, par mille petits plis aux angles extérieurs des yeux, dont les orbites disparaissaient quand il riait. Toutes ces passions se peignaient successivement sur son visage, suivant que les sujets de la conversation affectaient son âme; mais dans une situation calme, sa figure conservait une empreinte de toutes ces affections, et offrait à la fois je ne sais quoi d'aimable, de fin, de touchant, de digne de pitié et de respect.

Près de lui était une épinette sur laquelle il essayait de temps en temps des airs. Deux petits lits, de cotonnade rayée de bleu et de blanc, comme la tenture de sa chambre, une commode, une table et quelques chaises faisaient tout son mobilier. Aux murs étaient attachés un plan de la forêt et du parc de Montmorency, où il avait demeuré, et une estampe du roi d'Angleterre, son ancien bienfaiteur. Sa femme était assise, occupée à coudre du linge ; un serin chantait dans sa cage suspendue au plafond ; des moineaux venaient manger du pain sur ses fenêtres ouvertes du côté de la rue, et sur celle de l'antichambre on voyait des caisses et des pots remplis de plantes telles qu'il plaît à la nature de les semer. Il y avait dans l'ensemble de son petit ménage un air de propreté, de paix et de simplicité qui faisait plaisir.

Il me parla de mes voyages ; ensuite la conversation roula sur les nouvelles du temps, après quoi il nous lut une lettre manuscrite en réponse à M. le marquis de Mirabeau, qui l'avait interpellé dans une discussion politique. Il le suppliait de ne pas le rengager dans les tracasseries de la littérature. Je lui parlai de ses ouvrages, et je lui dis que ce que j'en aimais le plus, c'était le *Devin du Village* et le troisième volume d'*Emile*. Il me parut charmé de mon sentiment. *C'est aussi, me dit-il, ce que j'aime le mieux avoir fait ; mes ennemis ont beau dire, ils ne feront jamais un Devin du Village.* Il nous montra une collection de graines de toute espèce. Il les avait arrangées dans une multitude de petites boîtes. Je ne pus m'empêcher de lui dire que je n'avais vu personne qui eût ramassé une aussi grande quantité de graines et qui eût si peu de terres. Cette idée le fit rire. Il nous reconduisit, lorsque nous prîmes congé de lui, jusque sur le bord de son escalier.

A quelques jours de là, il vint me rendre visite. Il était en perruque ronde bien poudrée et bien frisée, portant un chapeau sous le bras, et en habit complet de nankin. Il tenait une petite canne à la main. Tout son extérieur était modeste, mais fort propre, comme on le dit de celui de Socrate. Je lui offris une pièce de coco marin avec son fruit, pour augmenter sa collection de graines, et il me fit le plaisir de l'accepter. Avant de sortir de chez moi, nous passâmes dans une chambre où je lui fis voir une belle immortelle du Cap, dont les fleurs ressemblent à des fraises, et les feuilles à des morceaux de drap gris. Il la trouva charmante ; mais je l'avais donnée, et elle n'était plus à ma disposition. Comme je le reconduisais à travers les Tuileries, il sentit l'odeur du café. *Voici,* me dit-il, *un parfum que j'aime beaucoup. Quand on en brûle dans mon escalier, j'ai des voisins qui ferment leur porte, et moi j'ouvre la mienne.* Vous prenez donc du café, lui dis-je, puisque vous en aimez l'odeur. *Oui,* me répondit-il, *c'est presque tout ce que j'aime des choses de luxe, les glaces et le café.* J'avais apporté une balle de café de l'île de Bourbon, et j'en avais fait quelques paquets que je distribuais à mes amis. Je lui en envoyai un le lendemain, avec un billet où je lui mandais que sachant son goût pour les graines étrangères, je le priais d'accepter celles-là. Il me répondit par un billet fort poli, où il me remerciait de mon attention. Mais le jour suivant j'en reçus un autre d'un ton bien différent. En voici la copie:

Hier, monsieur, j'avais du monde chez moi, qui m'a empêché d'examiner ce que contenait le paquet que vous m'avez envoyé.

A peine nous nous connaissons, et vous débutez par des cadeaux; c'est rendre notre société trop inégale; ma fortune ne permet point d'en faire. Choisissez ou de reprendre votre café ou de ne nous plus voir.

Agréez mes très-humbles salutations.

J.-J. Rousseau.

Je lui répondis qu'ayant été dans les pays où croissait le café, la qualité et la quantité de ce présent le rendaient de peu d'importance; qu'au reste, je lui laissais le choix de l'alternative qu'il m'avait donnée. Cette petite altercation se termina aux conditions que j'accepterais de sa part une racine de ginseng, et un ouvrage sur l'ichtyologie qu'on lui avait envoyé de Montpellier. Il m'invita à dîner pour le lendemain. Je me rendis chez lui à onze heures du matin. Nous conversâmes jusqu'à midi et demi. Alors son épouse mit la nappe. Il prit une bouteille de vin et en la posant sur la table, il me demanda *si nous en aurions assez, et si j'aimais à boire.* Combien sommes-nous, lui dis-je. *Trois,* dit-il, *vous, ma femme et moi.* Quand je bois du vin, lui répondis-je et que je suis seul, j'en bois bien une demi-bouteille, et j'en bois un peu plus quand je suis avec mes amis. *Cela étant,* reprit-il, *nous n'en aurons pas assez, il faut que je descende à la cave.* Il en rapporta une seconde bouteille. Sa femme servit deux plats; un de petits pâtés et un autre qui était couvert. Il me dit en me montrant le premier: *Voici votre plat, et l'autre est le mien.* Je mange peu de pâtisserie, lui dis-je, mais j'espère bien goûter du vôtre. *Oh!* me dit-il, *ils nous sont communs tous deux; mais bien des gens ne se soucient pas de celui-là; c'est un mets suisse: un pot-pourri de lard, de mouton, de légumes et de châtaignes.* Il se trouva excellent. Ces deux plats furent relevés par des tranches de bœuf en salade, ensuite par des biscuits et du fromage; après quoi sa femme servit le café. *Je ne vous offre point de liqueurs,* me dit-il, *parce que je n'en ai point; j'aime mieux boire une bouteille de vin qu'un verre de liqueur.*

Pendant le repas, nous parlâmes des Indes, des Grecs et des Romains. Après le dîner, il fut me chercher quelques manuscrits. Il me lut une continuation d'*Emile*, quelques lettres sur la botanique, des morceaux charmants traduits du Tasse. Comptez-vous donner ces écrits au public? *Oh! Dieu m'en garde*, dit-il, *je les ai faits pour mon plaisir, pour causer le soir avec ma femme.* Oh! oui, que cela est touchant, reprit madame Rousseau, cette pauvre Sophronie! j'ai bien pleuré quand mon mari m'a lu cet endroit-là. Enfin elle m'avertit qu'il était neuf heures du soir : j'avais passé dix heures de suite comme un instant.

Lecteur, si vous trouvez ces détails frivoles, n'allez pas plus avant ; tous sont précieux pour moi, et l'amitié m'ôte la liberté de choisir. Si vous aimez à voir de près les grands hommes, et si vous chérissez dans un récit la simplicité et la sincérité, vous serez satisfait. Je ne donne rien à l'imagination, je n'exagère aucune vertu, je ne dissimule aucun défaut : je ne mets d'autre art dans ma narration qu'un peu d'ordre. Dans l'envie que j'avais de ne rien perdre de la mémoire de Rousseau, j'avais recueilli quelques autres anecdotes ; mais elles n'étaient fondées que sur des ouï-dire, et j'ai voulu donner à cet ouvrage un mérite étranger même aux meilleures histoires : c'est de ne pas renfermer la plus légère circonstance, que je n'en aie été le témoin, ou que je ne la tienne de la bouche même de Rousseau.

Il était né à Genève en 1712, d'un père de la religion réformée, et horloger de profession. Sa naissance coûta la vie à sa mère. C'était une femme d'esprit, qui faisait même des vers agréablement. Il fut élevé par une sœur de son père, et jamais il n'oublia les soins qu'elle avait pris de son enfance. Elle vit peut-être encore; elle vivait du moins il y a quelques années, et voici comment je l'ai su.

Un de mes anciens camarades de collége me pria, il y a trois ans, de le présenter à J.-J. Rousseau. C'était un brave garçon dont la tête était aussi chaude que le cœur. Il me dit qu'il avait vu Rousseau au château de Tryc, et qu'étant ensuite allé voir Voltaire à Genève, on lui avait dit que la tante de Rousseau demeurait près de là dans un village. Il fut lui rendre visite. Il trouva une vieille femme qui, en apprenant qu'il avait vu son neveu, ne se possédait pas d'aise. Comment, monsieur, lui dit-elle, vous l'avez vu? Est-il donc vrai qu'il n'a pas de religion? Nos ministres disent que c'est un impie. Comment cela se peut-il? il m'envoie de quoi vivre. Pauvre vieille femme de plus de quatre-vingts ans, seule, sans servante, dans un grenier, sans lui je serais morte de froid et de faim! Je répétai la chose à Rousseau mot pour mot. *Je le devais*, me dit-il, *elle m'avait élevé orphelin*. Cependant il ne voulut pas recevoir mon camarade, quoique j'eusse tout disposé pour l'y engager. *Ne me l'amenez pas*, me dit-il, *il m'a fait peur; il m'a écrit une lettre où il me mettait au-dessus de Jésus-Christ.*

Il apprit à connaître ses lettres dans des romans. Son père le faisait lire auprès de son établi. Vers l'âge de huit ans, il lui tomba entre les mains un Plutarque qui devint sa lecture favorite. Dès l'enfance, il s'exprimait avec sensibilité. Son père qui lui trouvait beaucoup de ressemblance avec l'épouse qu'il regrettait, lui disait quelquefois le matin en se levant: Allons, Jean-Jacques, parle-moi de ta mère. Si je vous en parle, disait-il, vous allez pleurer. Ce n'était point par singularité qu'il aimait à porter ce nom de Jean-Jacques, mais parce qu'il lui rappelait un âge heureux, et le souvenir d'un père dont il ne parlait jamais qu'avec attendrissement. Il m'a raconté que son père était d'un tempérament très-vigoureux, grand chasseur, aimant la bonne chère et à se réjouir. Dans ce temps on formait à Genève des coteries, dont chaque membre, suivant l'esprit de la Réforme, prenait un surnom de l'ancien Testament. Celui de son père était David.

Alors il n'y avait pas à Genève un citoyen bien élevé qui ne sût son Plutarque par cœur. Les jeunes gens ne parlaient dans leurs conversations que de législation, des moyens d'établir ou de réformer la société. Les âmes étaient nobles, grandes et gaies.

Un jour d'été, une troupe de bourgeois prenaient le frais devant leurs portes, ils causaient et riaient entre eux, lorsqu'un lord vint à passer. Il crut à leurs rires qu'ils se moquaient de lui. Il s'arrêta et leur dit fièrement: Pourquoi riez-vous quand je passe? Un des bourgeois lui répondit sur le même ton: Eh! pourquoi passez-vous quand nous rions!

* *
*

Il paraît que la destinée, au défaut des richesses, avait semé sur sa route un peu de bonheur. Il eut un ami dans la personne de Georges Keith, milord maréchal, gouverneur de Neuchâtel: il en conservait précieusement la mémoire. Ils avaient formé le projet, conjointement avec un capitaine de la Compagnie des Indes, d'acheter chacun une métairie sur les bords du lac de Genève,(¹) pour y passer leurs jours. Les trois solitudes auraient été entre elles à une demi-lieue de distance. Quand l'un des

---

(¹) « Sur le penchant de quelque agréable colline bien ombragée, j'aurais une petite maison rustique, une maison blanche avec des contrevents verts; et quoique une couverture de chaume soit en toute saison la meilleure, je préférerais la tuile, parce qu'elle a l'air plus propre et plus gai que le chaume, qu'on ne couvre pas autrement les maisons de mon pays, et que cela me rappellerait un peu l'heureux temps de ma jeunesse. » ÉMILE, livre IV.

amis aurait voulu recevoir la visite des deux autres, il aurait arboré un pavillon au haut de sa maison; par cet arrangement, chacun d'eux se ménageait la liberté dans son habitation, et la vue du toit d'un ami.

※ ※
※

Son régime l'a maintenu frais, vigoureux et gai jusqu'à la fin de sa vie. Il se levait à cinq heures du matin, se mettait à copier de la musique jusqu'à sept heures et demie ; alors il déjeunait, et pendant le déjeuner, il s'occupait à arranger sur des papiers les plantes qu'il avait cueillies l'après-midi de la veille; après déjeuner, il se remettait à copier de la musique ; il dînait à midi et demi ; à une heure et demie il allait prendre du café assez souvent au café des Champs-Elysées où nous nous donnions rendez-vous. Ensuite il allait herboriser dans les campagnes, le chapeau sous le bras en plein soleil, même pendant la canicule. Il prétendait que l'action du soleil lui faisait du bien. Autant il aimait le soleil, autant il craignait la pluie ; quand il pleuvait, il ne sortait point. *Je suis*, me disait-il en riant, *tout le contraire du petit bonhomme du baromètre suisse; quand il entre je sors, quand il sort je rentre.* Il était de retour de la promenade avant la fin du jour, il soupait et se couchait à neuf heures et demie. Tel était l'ordre de sa vie; ses goûts avaient la même simplicité.

Il aimait à se rappeler les bons laitages de la Suisse, entre autres celui qu'on mange en quelques endroits des bords du lac de Genève. La crème en été y est couleur de rose, parce que les vaches y paissent quantité de fraises qui croissent dans les pâturages des montagnes. *Je ne voudrais pas*, disait-il, *faire tous les jours bonne chère, mais je ne la hais pas.*

* *
*

Un matin que j'étais chez lui, je voyais entrer à l'ordinaire des domestiques qui venaient chercher des rôles de musique, ou qui lui en apportaient à copier : il les recevait debout et tête nue, il disait aux uns: *Il faut tant*, et il recevait leur argent: aux autres: *Dans quel temps faut-il rendre ce papier?* Ma maîtresse, répondait le domestique, voudrait bien l'avoir dans quinze jours. *Oh! cela n'est pas possible, j'ai de l'ouvrage; je ne peux le rendre que dans trois semaines.* Tantôt il s'en chargeait, tantôt il le refusait, en mettant dans le détail de ce commerce toute l'honnêteté d'un ouvrier de bonne foi. En le voyant agir avec cette simplicité, je me rappelais la réputation de ce grand homme. Quand nous fûmes seuls, je ne pus m'empêcher de lui dire: Pourquoi ne tirez-vous pas un autre parti de vos talents? *Oh!* reprit-il, *il y a deux Rousseau dans le monde: l'un riche ou qui aurait pu l'être, s'il avait voulu, un homme capricieux, singulier, fantasque: c'est celui du public; l'autre est obligé de travailler pour vivre, et c'est celui que vous voyez.*

* *
*

Il venait des hommes de tout état le visiter, et je fus témoin plus d'une fois de la manière sèche dont il en éconduisait quelques-uns. Je lui disais: Sans le savoir, ne vous serais-je pas importun comme ces gens-là? *Quelle différence d'eux à vous! Ces messieurs viennent par curiosité, pour dire qu'ils m'ont vu, pour connaître les détails de mon petit ménage, et pour s'en moquer.* Ils y viennent, lui dis-je, à cause de votre célébrité. Il répéta avec humeur: *Célébrité! célébrité!* Ce mot le fâchait: l'homme célèbre avait rendu l'homme sensible trop malheureux.

Pour moi, je ne le quittais point sans avoir soif de le revoir. Un jour que je lui rapportais un livre de botanique, je rencontrai dans l'escalier sa femme qui descendait. Elle me donna la clef de la chambre en me disant: Vous y trouverez mon mari. J'ouvre sa porte; il me reçoit sans rien dire, d'un air austère et sombre. Je lui parle, il ne me répond que par monosyllabes, toujours en copiant sa musique, il effaçait ou ratissait à chaque instant son papier. J'ouvre pour me distraire un livre qui était sur sa table. *Monsieur aime la lecture,* me dit-il d'une voix troublée. Je me lève pour me retirer, il se lève en même temps et me reconduit jusque sur l'escalier, en me disant, comme je le priais de ne pas se déranger : *C'est ainsi qu'on en doit user envers les personnes avec lesquelles on n'a pas une certaine familiarité.* Je ne répondis rien, mais agité jusqu'au fond du cœur d'une amitié si orageuse, je me retirai, résolu de ne plus retourner chez lui.

Il y avait deux mois et demi que je ne l'avais vu, lorsque nous nous rencontrâmes une après-midi, au détour d'une rue. Il vint à moi et me demanda pourquoi je ne venais plus le voir. Vous en savez la raison, lui répondis-je. *Il y a des jours,* me dit-il, *où je veux être seul, j'aime mon particulier. Je reviens si tranquille, si content de mes promenades solitaires! là je n'ai manqué à personne, personne ne m'a manqué.* Que ne mettez-vous, lui répondis-je, un signal à votre fenêtre, quand vous voulez recevoir ma visite.

comme vous vouliez en mettre un avec vos amis sur les bords du lac de Genève? ou si vous l'aimez mieux, quand je vais vous voir et que vous voulez être seul, que ne m'en prévenez-vous ? *L'humeur me surmonte, répondit-il, et ne vous en apercevez-vous pas bien? Je la contiens quelque temps, je n'en suis plus le maître; elle éclate malgré moi. J'ai mes défauts, mais quand on fait cas de l'amitié de quelqu'un, il faut prendre le bénéfice avec les charges.* Il m'invita à dîner chez lui pour le lendemain.

* *
*

Quatre ou cinq causes réunies contribuèrent à altérer son caractère, dont la moindre a suffi quelquefois pour rendre un homme méchant: les persécutions, les calomnies, la mauvaise fortune, les maladies, le travail excessif des lettres, travail qui trop souvent altère l'humeur. Les travaux de l'esprit, en l'épuisant, mettent un homme dans la disposition d'un voyageur fatigué: Rousseau, lorsqu'il composait ses ouvrages, était des semaines entières sans parler à sa femme.

* *
*

J'ai souvent remarqué sur son front un nuage qui s'éclaircissait à mesure que nous sortions de Paris, et qui se reformait à mesure que nous nous en rapprochions. Quand il était une fois dans la campagne, son visage devenait gai et serein. *Enfin nous voilà*, disait-il, *hors des carrosses, du pavé et des hommes.* Il aimait surtout la verdure des champs. *J'ai dit à ma femme*, me disait-il, *quand tu me verras bien malade, et sans espérance d'en revenir, fais-moi porter au milieu d'une prairie, sa vue me guérira.* Il ne voyait pas de fort loin, et pour apercevoir les objets éloignés, il s'aidait d'une lorgnette; mais de près, il distinguait dans le calice des plus petites fleurs, des parties que j'y voyais à peine avec une forte loupe. Il aimait l'aspect du mont Valérien, et quelquefois au coucher du soleil, il s'arrêtait à le considérer sans rien dire, non pas seulement pour y observer les effets de la lumière mourante au milieu des nuages et des collines d'alentour, mais parce que cette vue lui rappelait les beaux couchers du soleil dans les montagnes de la Suisse. Il m'en faisait des tableaux charmants. *On trouve quelquefois dans la Suisse*, disait-il, *des positions enchantées. J'y ai vu, au milieu d'un cratère entouré de longues pyramides de roches sèches et arides, des bassins où croissent les plus riches végétaux, et d'où sortent des* bouquets d'arbres au centre desquels est bien souvent une petite maison. Vous êtes dans les airs, et vous apercevez sous vos pieds des points de vue délicieux. Cependant, ajoutait-il, je ne voudrais pas demeurer sur les montagnes, parce que les belles vues gâtent le plaisir de la promenade, mais je voudrais y avoir ma maison à mi-côte.

* * *

Personne n'était plus sobre que Rousseau. Dans nos promenades, c'était toujours moi qui lui faisais la proposition de goûter; il l'acceptait, mais il fallait absolument qu'il payât la moitié de la dépense, et si je la payais à son insu, il refusait les semaines suivantes de venir avec moi. *Vous manquez*, disait-il, *à nos engagements.*

Le plaisir disparaissait pour lui, dès qu'il était en opposition avec quelque vertu. J'en citerai une occasion où il fut sollicité par un désir fort vif. Un jour d'été très-chaud, nous nous promenions aux prés Saint-Gervais; il était tout en sueur; nous fûmes nous asseoir dans une des charmantes solitudes de ce lieu, sur l'herbe fraîche, à l'ombre des cerisiers, ayant devant nous un vaste champ de groseillers, dont les fruits étaient tout rouges. *J'ai grand soif, me dit-il, je mangerais bien des groseilles: elles sont mûres, elles font envie, mais il n'y a pas moyen d'en avoir: le maître n'est pas là.* Il n'y toucha pas. Il n'y avait aux environs ni gardes, ni maître, ni témoin; mais il voyait dans le champ la statue de la Justice.

* * *

Il avait la voix juste, et il disait que la musique lui était aussi nécessaire que le pain; mais quand il voulait chanter en s'accompagnant de son épinette, pour me répéter quelques airs de sa composition, il se plaignait de sa mauvaise voix cassée.

Nous nous arrêtions quelquefois avec délices pour entendre le rossignol. Il n'y avait point d'oiseau dont la musique ne le rendît attentif. Les airs de l'alouette, qu'on entend dans la prairie, tandis qu'elle échappe à la vue, le ramage du pinson dans les bosquets, le gazouillement de l'hirondelle sur les toits des villages, les plaintes de la tourterelle dans les bois, le chant de la fauvette, qu'il comparait à celui d'une bergère par son irrégularité et par je ne sais quoi de villageois, lui faisaient naître les plus douces images.

* * *

Dans le temps que Gluck donna son Iphigénie, il me proposa d'aller à une répétition : j'acceptai. *Soyez exact*, me dit-il ; *s'il pleut, nous nous joindrons sous le portique des Tuileries à cinq heures et demie; le premier venu attendra l'autre, mais l'heure sonnée il n'attendra plus.* Je lui promis d'être exact ; mais le lendemain je reçus un billet ainsi conçu : *Pour éviter, Monsieur, la gêne des rendez-vous, voici le billet d'entrée.* A l'heure du spectacle, je m'acheminai tout seul ; la première personne que je rencontrai ce fut Jean-Jacques. Nous allâmes nous mettre dans un coin, du côté de la loge de la reine. La foule et le bruit augmentant, nous étouffions. L'envie me prit de le nommer, dans l'espérance que ceux qui l'environnaient le protégeraient contre la foule. Cependant je balançai longtemps, dans la crainte de faire une chose qui lui déplût. Enfin, m'adressant au groupe qui était devant moi, je me hasardai de prononcer le nom de Rousseau, en recommandant le secret. A peine cette parole fut-elle dite, qu'il se fit un grand silence. On le considérait respectueusement, et c'était à qui nous garantirait de la foule, sans que personne répétât le nom que j'avais prononcé. J'admirai ce trait de discrétion, rare dans le caractère national, et ce sentiment de vénération me prouva le pouvoir de la présence d'un grand homme.

En sortant du spectacle, il me proposa de venir le lundi des fêtes de Pâques au mont Valérien. Nous nous donnâmes rendez-vous dans un café aux Champs-Elysées. Le matin, nous prîmes du chocolat. Le vent était à l'ouest. L'air était frais ; le soleil paraissait environné de grands nuages blancs, divisés par masses sur un ciel d'azur. Entrés dans le bois de Boulogne à huit heures, Jean-Jacques se mit à herboriser. Pendant qu'il faisait sa petite récolte, nous avancions toujours. Déjà nous avions traversé une partie du bois, lorsque nous aperçûmes dans ces solitudes deux jeunes filles, dont l'une tressait les cheveux de sa compagne. Frappés de ce tableau champêtre, nous nous arrêtâmes un instant. *Ma femme*, me dit Rousseau, *m'a conté que dans son pays les bergères font ainsi mutuellement leur toilette en plein champ.* Ce spectacle charmant nous rappela en même temps les beaux jours de la Grèce, et quelques beaux vers de Virgile. Il y a dans les vers de ce poète un sentiment si vrai de la nature, qu'ils nous reviennent toujours à la mémoire au milieu de nos plus douces émotions.

Arrivés sur le bord de la rivière, nous passâmes le bac avec beaucoup de gens que la dévotion conduisait au mont Valérien. Nous gravîmes une pente très-roide, et nous fûmes à peine à son sommet, que pressés par la faim, nous songeâmes à dîner. Rousseau me conduisit alors vers un ermitage où il savait qu'on nous donnerait l'hospitalité. Le religieux qui vint nous ouvrir nous conduisit à la chapelle, où l'on récitait les litanies de la Providence, qui sont très-belles. Nous entrâmes justement au moment où l'on prononçait ces mots: « Providence qui avez soin des voyageurs! Providence qui avez soin des empires! » Ces paroles si simples et si touchantes nous remplirent d'émotion, et lorsque nous eûmes prié, Jean-Jacques me dit avec attendrissement: *Maintenant j'éprouve ce qui est dit dans l'Évangile:* « *Quand plusieurs d'entre vous seront rassemblés en mon nom, je me trouverai au milieu d'eux.* » *Il y a ici un sentiment de paix et de bonheur qui pénètre l'âme.* Cependant on nous introduisit au réfectoire; nous nous assîmes pour assister à la lecture, à laquelle Rousseau fut très-attentif. Le sujet était l'injustice des plaintes de l'homme: Dieu l'a tiré du néant, il ne lui doit que le néant. Après cette lecture, Rousseau me dit d'une voix profondément émue: *Ah! qu'on est heureux de croire!*

Nous nous promenâmes quelque temps dans le cloître et dans les jardins. On y jouit d'une vue immense. Paris élevait au loin ses tours couvertes de lumière, et semblait couronner ce vaste paysage; ce spectacle contrastait avec de grands nuages plombés qui se succédaient à l'ouest, et semblaient remplir la vallée. Plus loin on apercevait la Seine, le bois de Boulogne, et le château vénérable de Madrid, bâti par François Ier, père des lettres. Comme nous marchions en silence en considérant ce spectacle, Rousseau me dit: *Je reviendrai cet été méditer ici.*

A quelque temps de là, je lui dis: Vous m'avez montré les paysages qui vous plaisent, je veux vous en faire voir un de mon goût. Le jour pris, nous partîmes un matin au lever de l'aurore, et laissant à droite le parc de Saint-Fargeau, nous suivîmes les sentiers qui vont à l'orient, gardant toujours la hauteur, après quoi nous arrivâmes auprès d'une fontaine semblable à un monument grec, et sur laquelle on a gravé: Fontaine de Saint-Pierre. *Vous m'avez amené ici*, dit Rousseau en riant, *parce que cette fontaine porte votre nom.* C'est, lui dis-je, la fontaine des amours, et je lui fis voir les noms de Colin et de Colette. Après nous être reposés un moment, nous

nous remîmes en route. A chaque pas, le paysage devenait plus agréable. Rousseau recueillait une multitude de fleurs, dont il me faisait admirer la beauté. J'avais une boîte, il me disait d'y mettre ses plantes, mais je n'en faisais rien ; et c'est ainsi que nous arrivâmes à Romainville. Il était l'heure de dîner; nous entrâmes dans un cabaret, et l'on nous donna un petit cabinet dont la fenêtre était tournée sur la rue, comme celle de tous les cabarets des environs de Paris, parce que les habitants de ces campagnes ne connaissent rien de plus beau que de voir passer des carrosses, et que dans les plus riants paysages ils ne voient que le lieu de leurs pénibles travaux. On nous servit une omelette au lard. *Ah! dit Rousseau, si j'avais su que nous eussions une omelette, je l'aurais faite moi-même, car je sais très-bien les faire.* Pendant le repas, il fut d'une gaieté charmante, mais peu à peu la conversation devint plus sérieuse, et nous nous mîmes à traiter des questions philosophiques, à la manière dont parle Plutarque dans ses *Propos de table*.

Le garçon de l'auberge entra et dit tout haut: Messieurs, votre café est prêt. Oh! le maladroit, m'écriai-je, ne t'avais-je pas dit de m'avertir en secret quand l'eau serait bouillante? *Eh quoi*, reprit Jean-Jacques, *nous avons du café? En vérité je ne suis plus étonné que vous n'ayez rien voulu mettre dans votre boîte; le café y était.* Le café fut apporté, et nous reprîmes notre conversation.

Nous revînmes par un chemin fort doux, en parlant de Plutarque. Rousseau l'appelait le grand peintre du malheur. Il me cita la fin d'Agis, celle d'Antoine, celle de Monime, femme de Mithridate, le triomphe de Paul-Émile, et les malheurs des enfants de Persée. Tacite, me disait-il, éloigne des hommes, mais Plutarque en rapproche. En parlant ainsi, nous marchions à l'ombre de superbes marronniers en fleurs. Rousseau en abattit une grappe avec sa petite faux de botaniste, et me fit admirer cette fleur, qui est composée. Nous fîmes ensuite le projet d'aller dans la huitaine sur les hauteurs de Sèvres. *Il y a,* me dit-il, *de beaux sapins et des bruyères toutes violettes; nous partirons de bon matin.* J'aime ce qui me rappelle le Nord; à cette occasion, je lui racontai mes aventures en Russie, et mes amours malheureuses en Pologne. Il me serra la main, et me dit en me quittant: *J'avais besoin de passer ce jour avec vous.....*

TABLE DES MATIÈRES

	Pages
Préface, par M. Eugène Ritter: vie de J.-J. Rousseau	I
I. Souvenirs d'enfance	3
II. *Lettre à d'Alembert* (extraits).	17
III. *Nouvelle Héloïse* (extraits).	
Lettre de Saint-Preux à Julie (le Haut-Valais)	29
Lettre de Saint-Preux à milord Edouard (les vendanges à Clarens).	42
Lettre de Claire d'Orbe à Julie (Genève) . .	54
IV. Lettres écrites de Motiers au maréchal de Luxembourg.	67
V. L'île de Saint-Pierre.	107
VI. La vieillesse de Jean-Jacques, par Bernardin de Saint-Pierre.	127

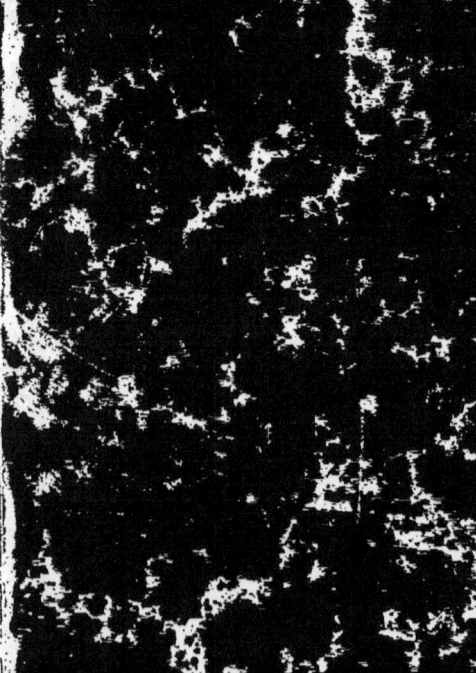